Vi to

INGRID TORP

I SAMARBEJDE MED LARS TORP

Vi to

© 2020 – Ingrid Torp
Tegning på forsiden Cecilie Rand
Forlag: Books on Demand – København, Danmark
Fremstilling: Books on Demand – Norderstedt, Tyskland
Bogen er fremstillet efter on-Demand-proces

ISBN 978-87-4303-658-6

Indhold

Indledning

Som mor til en søn Lars, født i 1966, med flere medfødte handicaps, har han og jeg fået lyst til at beskrive vores liv.

Vi har tit snakket om, alt det vi har været igennem, og at vi selvfølgelig har meget tætte bånd.

Jeg var alenemor til Lars var 16 år.

Og dog.

Sammen med min familie, ikke mindst mine forældre, gjorde vi, hvad vi kunne for at hjælpe ham op ad bjerget. Vi gav ham oceaner af kærlighed og omsorg. Og jo flere skavanker der viste sig, desto mere tryghed og varme havde han brug for.

For få år siden var jeg til bisættelse i barndomsbyen. En blandet fornøjelse. Jeg snakkede med en tidligere bekendt, en lidt hård dame, og da vi snakkede om vores børn, grinede hun og sagde: "Ham den kæle Lars."

Den kunne jeg såmænd godt have undværet. Sårende i øjeblikket.

Men pyt, hun var undskyldt, og anede ikke, hvad hun snakkede om. Troede sikkert, at den omsorg han fik var lig med forkælelse.

DANSKE HANDIKAPORGANISATIONER beskriver et handicap sådan:

Handicappet opstår i mødet mellem funktionsnedsættelsen og samfundets barriere. Det kan være forhindringer på arbejdspladsen, i byrummet, eller når du besøger venner og familier.

Det er ikke dig, der er "handicappet." Det er samfundets manglende tilpasning, der giver problemet. Man kalder det for relationelle handicapbegreb. Og der fortsættes.

Du har et handicap, hvis du har en langvarig funktionsnedsættelse, der begrænser dig i hverdagen. Kan være, hvis du bliver født med f.eks. nedsat hørelse.

FN's definition på handicap opdeles i fire forskellige typer:

Fysiske handicap
Kognitive handicap
Psykiske handicap
Sensoriske handicap

Og desværre fik Lars af hele buketten.

Forord

Fredag 6.december 2019 var jeg inviteret på cafe Jens Otto her i Randers, til kaffe og kage, af en dejlig veninde.

Jeg vidste godt, hun var en skøn og utrolig betænksom kvinde, og hvor blev jeg bekræftet denne eftermiddag, hvor vi kom langt omkring, og grundstenen til denne bog blev lagt.

Vi har meget til fælles, alderen til trods, hun 48 og jeg 72. Og selvfølgelig har hun mødt Lars.

Vi lærte hinanden at kende, da vi begge havde fået den kroniske sygdom lavt stofskifte. Vi blev ret tætte og drøftede det, vi havde behov for med hinanden.

Så er vi også mor til 1 barn hver.

Gitte mistede sin mor allerede som 15-årig, blev alene med faderen, og var nu den lille husmoder i det nordjyske.

Vi konstaterede også, denne eftermiddag, at vi begge havde dårlige juleminder, grundet nære familiemedlemmer, der ofte valgte at nyde juleaften med rigeligt indtag af alkohol, som opvarmning.

Minder der gør ondt.

Mine søskende overlod hvert år fornøjelsen til os at have mine forældre. De skulle selv nyde juleaften og slappe af i fred og ro. Det var så også os, de helst ville være sammen med, så sådan måtte det være.

Alt i alt er det ikke en højtid, vi kun forbinder med hygge og glæde.

Mange mennesker havde, her 3 uger før jul, julelys i øjnene.

Alt skulle være så perfekt til den store familiejul, som heldigvis er lykkelig for de fleste.

Min søde frisør undrede sig, da hun spurgte ind til julen, og jeg sagde, at det for mig bare betød nogle hyggelige dage, med min lille familie. Og så min mands lækre mad og småkager, med efterfølgende kilo, der måtte væk igen. Noget helt andet da Lars var lille. Hun har selv små børn nu.

Den eftermiddag på cafeen snakkede vi bl.a. om ovennævnte ting, og mange tanker blev sat i gang hos mig, om min søns og mit liv, på godt og ondt.

Gitte konstaterede, at det var vel nok meget, vi havde været igennem med Lars.

Ja, det havde været hårdt, ville jeg gerne indrømme. Han havde lige haft blodprop i et ben, som gik videre op i lungen.

Det var 6 år siden i det andet ben, nøjagtig på samme måde, også op i lungen, samt påvirkede hjertekamre. Begge gange var det veneblodpropper i benene, også kaldet trombose.

Vores dygtige læge sagde, at denne gang skulle der findes ud af, hvad årsagen var. Lars er sund, slank og rører sig meget. Kører på sin nyindkøbte motionscykel, går 4 km dagligt, 2 hver vej på arbejde, uanset vejret, samt ture med hans dejlige hund, Maggi.

Svaret er nej tak, når jeg tilbyder at køre ham. Som han siger, er det bare at have det rigtige tøj på.

Blodprøver viste en genfejl, "Faktor V Leiden," arvet fra en eller begge forældre. Og som desværre kan give blodpropper.

Men også en meget sjælden gigtsygdom, der danner antistoffer i blodet, en sygdom med navnet "Antifosfolid syndrom," kun 0,5% af befolkningen har den.

Hvornår Lars er begyndt at danne disse antistoffer, som måske også er årsagen til nogen af hans handicaps, vides ikke. Dog ved vi, at blodpropperne stammer fra disse sygdomme, og at de kan give indlæringsvanskeligheder, motoriske vanskeligheder mm.

Gitte spurgte interesseret ind til det, og jeg fortalte, at allerede da Lars var 6 dage gammel, blev vi flyttet til Ortopædisk Hospital i Århus, fra Viborg sygehus, grundet meget dårlige fødder.

Jeg fortalte videre, at en læge, et par måneder senere, stod og bevægede en hånd over Lars' øjne, mens han lå på en undersøgelsesbriks, og spurgte mig: "Sig mig engang kan han heller ikke se?"

Grov måde at stille sådan et spørgsmål på til en nybagt ung mor, i en i forvejen sårbar situation!

De forskellige handicaps vender jeg tilbage til.

Gitte siger: "Altså allerede dengang startede Lars' problemer?"

"Ja, det har været hele livet, og fortsætter åbenbart," måtte jeg desværre svare.

Vi snakkede videre om, at utrolig mange mennesker kunne gøre meget mere for at holde sig sunde. Både mht. mad, men også bevægelse.

Som jeg hørte engang, at hvis folk passede deres krop lige så godt som deres bil, ville den køre som en drøm.

Måske lidt overdrevet.

Jeg fortalte, at jeg selvfølgelig har medfølelse med ældre, som har haft lange, sunde, gode liv, måske med partner og børn, hvis de som gamle bliver syge.

Men min store empati ligger hos børn og unge, ja alle, som hele livet plages med forskellige ting.

Altså om Lars, og nogen af dem han arbejder med, og som jeg flere gange har hygget mig sammen med. Bl.a. har vi været til koncert på Memphis Mansion og til udstilling med 60'er biler i Ø.Hurup.

Måske bliver man lidt hård, når man gennem livet har været/er mor for en vidunderlig søn, og både han og jeg har fået så mange nederlag/knubs af kolde og ubetænksomme mennesker, både i skolen og på arbejde, men sandelig også af familie og bekendte.

Vi har haft virkelig mange udfordringer, men alligevel elsker vi vores liv.

Et eksempel, hvor en lærerkollega sagde til mig, at Lars vel nok så meget barnlig ud.

Det er virkelig, som om man kan tillade sig at sige alt, hvad man mener. Måske lidt empati havde været mere på sin plads.

Folk med usynlige handicaps behandler man ofte uden tanker for, hvor sårende det er.

Han var 40 år da de kedelige ord faldt, og i lægeverdenen stod der "alderssvarende udseende, samt værende venlig og imødekommende," i en journal, på netop dette tidspunkt.

Og som min far skrev i et brev til mig i 1981, hvor jeg har haft svært ved at overskue tingene "Glæd dig hver dag over du har et sundt, flink, kønt, høflig og på mange måder velbegavet barn."

Og hvor havde han ret.

17 år og gravid

Som 17-årig kontorelev, var jeg ikke speciel stolt over, at skulle fortælle mine forældre, eller andre, at jeg var gravid. Men den frygt kunne jeg godt have sparet mig. Husker min mor fik det at vide, kort før de tog på weekend i sommerhuset. Måske lidt smart fra min side. De var i hvert fald utroligt søde, og vi snakkede om det, da de kom hjem, og jeg blev snart klar til at blive mor.

I den lokale bank havde jeg fået lov til at låne penge til kørekort, men det måtte droppes. Jeg fik min mor til at gå i banken, for at sige at jeg ikke skulle låne dem alligevel. Og hvad mon hun sagde?

Jo, hun sagde, at jeg skulle have kørekort til barnevogn i stedet for. Så var den klaret!

Året efter fik jeg også mit kørekort til bil.

På min elevplads var jeg heller ikke særlig glad for at skulle gå rundt med stor mave. Altså, tog jeg de 3 måneders barsel, sådan at de 2 måneder var før fødslen, og kun 1 efter.

Den gemytlige kontorchef vi havde, mente vi ynglede som en flok kaniner, da der umiddelbart efter mig var 2 mere, der var gravide. Han havde selv 5 børn, så han vidste åbenbart, hvad han snakkede om.

Mine veninder syntes, det var spændende med en lille baby, og selv den dag jeg fødte, havde jeg venindebesøg.

Alle i den lille by var utroligt søde.

Nytårsaftensdag 1965, og højgravid, lå der pludselig en lille fin pakke på trappen op til lejligheden. Det viste sig at være en lille nytårsgave, med ønske om et godt nytår, fra en venindes mor. Det var de yndigste små bukser, hun havde strikket. Desværre blev de væk, en af de gange Lars var indlagt, men pyt, hun strikkede da straks et par nye.

Fødslen gik lidt over tiden.

Sammen med en veninde besluttede vi, at vi ville køre en tur. Hun havde kørekort, og lånte sin fars bil. Vi kørte til Lynderup og drønede bakke op, og bakke ned, og satsede på, det så kunne sætte skub i foretagendet. Men nej, det hjalp ikke.

Det blev en dreng

19. februar 1966, på en mørk vinteraften med snestorm, hvor mine veninder var til fastelavnsbal, kørte mine forældre mig til sygehuset. Min mor troede egentlig ikke, det var så tæt på, som det viste sig at være. Men hun var bange for, det skulle ske hjemme. Jeg blev midlertidigt placeret i et vaskerum, med vinduet på klem, og snefnuggene dryssede stille ind, mens mine forældre kørte hjem igen.

Da var kl. 19.30, og inden længe blev jeg tilset og kørt på fødestuen. Kl. 23.02 fødte jeg min dejlige dreng på 3750 g og 52 cm lang, flot og stor baby, der sagde "HEJ MOR"
    Lykken var stor, selv om jeg lige skulle sys. Det var slemt, og "nåleføreren" sagde, at det klip kunne de godt have sparet, skindet var som elefanthud at stikke i. Gad vidst om han også havde prøvet det?

Det var dengang, der var centraler, og da de endelig fik ringet mine forældre op, tidligt søndag morgen, spurgte centraldamen Caroline om, hvor de dog havde været, hun troede, de var blevet bedsteforældre, der var ringet på dem hele natten fra sygehuset. Uden at tænke nærmere over det, var døren til stuen, hvor telefonen stod blevet lukket, da de gik i seng.
    Og de troede jo heller ikke, det var op over. Men heldigvis dukkede de snart op, og så deres første barnebarn. Lykkelige var vi alle 3, og min stolte far fik ham hurtigt til at hedde super-drengen, når han omtalte ham. Min bedstefar (farfar) syntes, han skulle opkaldes efter ham, og hedde Nikolai, men sådan blev det ikke.
    At det blev Lars, var selvfølgelig fordi jeg kunne lide det, men også fordi min bror hed Laust og min far Laurits.

Så nu var der 3 x L. Torp Jensen.

Da der var stuegang, faldt glæden noget, og blev til bekym-
ring. Jeg fik at vide, at der var noget ved hans små fødder,
som ortopæderne i Århus skulle se på.
  Men det skulle vise sig, at det kun var begyndelsen.

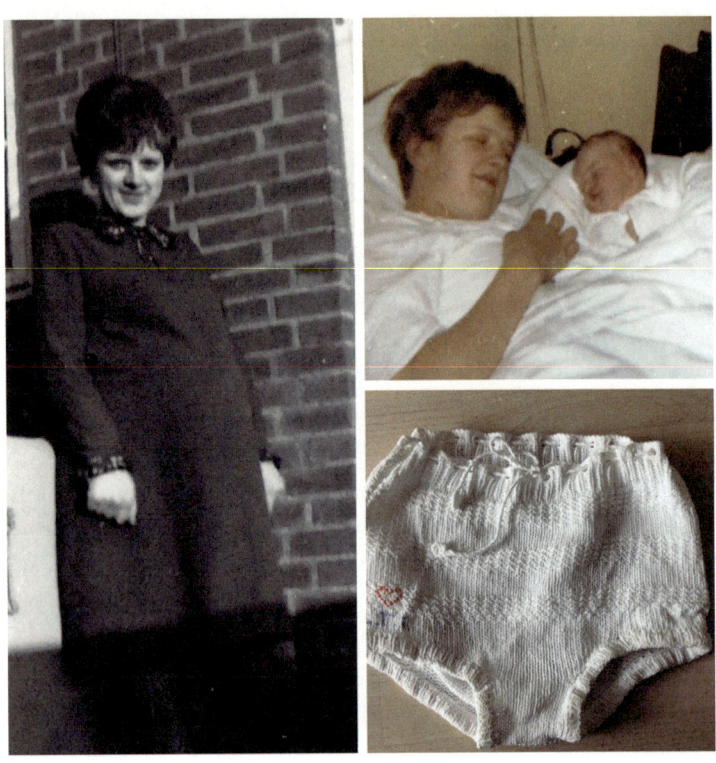

Ortopædisk i Århus

6 dage gammel blev vi i en sygetransport fra Falck, hvor jeg selv skulle sidde med Lars på skødet, kørt af sted. Ved siden af mig sad en sygeplejerske med en lille baby, hvor der var noget med hofterne.

Der var nu slidt huller i den sne, der faldt lørdag, så det bumlede ret voldsomt. Og av for pokker, for hver bump gjorde det virkelig ondt i de sting, jeg var syet med.

Vi blev så indlagt, og Lars blev undersøgt. Det var på en børneafdeling, så jeg følte mig rimeligt overladt til mig selv, og uden besøgende.

Jeg lærte at lægge elastikbind om de små fødder, så de kunne formes lidt. De var runde som en gænge, drejede ud til siderne og vippede opad.

Jeg skulle have fjernet stingene, men hovsa, hvad var nu det, en mandlig sygeplejerske, det havde jeg ikke hørt om før. Det var meget nyt dengang.

Hjem til Skals

Få dage senere gik turen hjem til den fine kurvevugge, som jeg selv havde købt, ved kurvemageren i Viborg, og monteret med Gredana bomuldsstof, i småternet hvid og lyseblå, og så var der kaleche. Det hele var kantet med hvidt feston.

Den var meget yndig.

Måske drømte jeg om en dreng, men lyseblå kunne jo også bruges til piger.

Allerede, da vi åbnede døren til trappen op til lejligheden på 1.sal i Skals, blev jeg meget overvældet. På alle trappetrinene stod flag og blomster, sikken velkomst, og de følgende dage vrimlede det med besøg af veninder, bekendte og familie, også fra den lille by ved vandet, hvor vi havde sommerhus, og stadig har kontakter.

Sikke mange fine gaver!

Det første køretøj var i hus, nemlig barnevognen. Det var en ældre sag, som jeg fik af min farbror og tante. Ikke lige min stil, men her lyttede jeg til mine forældre, som foreslog, at jeg så kunne købe en lækker klapvogn.

Det viste sig at være en rigtig god ide, da Lars fik brug for at blive kørt meget.

Senere købte jeg også en robust trækvogn, den kunne jo også leges med, og blev måske det køretøj, der vakte hans store interesse for alt på hjul. Den blev brugt til dejlig leg.

Med en papkasse over, et tov til at styre med, og en der skubbede, var det en sæbekassebil.

God fantasi.

Efter 6 uger var vi igen på Ortopædisk, og hælen nu på plads. Lars blev indlagt 1 uge, og fik gips på.

Åh, hvor var det hårdt at skulle gå fra den dejlige, lille guld-klump. Han har da også fået et chok, da han opdagede, jeg var væk. Han skulle have det på i en måned, men trods alt dejligt han kunne være hjemme.

Jeg får fugtige øjne, ved tanken om alt det, han har været igennem.

Lars blev døbt i den lille, hyggelige Låstrup Kirke, fordi Skals Kirke var under restaurering. Oldefar var selvfølgelig med, og da han fik øje på kirkesangeren, som var byens skrædder, sagde han højt og tydeligt "Nu kommer da æ skrædder," han mente nok, at så var det ved at være klart.

Vi har i øvrigt her i foråret besøgt kirken. Lars var dog mere interesseret i et fint mindested som jeg viste ham, over 7 allierede, som blev skudt ned af tyskerne okt.1944. Hjemme igen Googlede vi om flytypen LANCASTER I LM208, som den nedskudte.

Sidst i juli måned hed det atter gibs, nu i 3 uger.

Der blev kæmpet for de små fødder.

19. august, på Lars' 1/2 års dag, slap han atter for gipsen og var nu fredet i 1/2 år.

Hvor var det dejligt, men der var også allerede sket meget.

Selvfølgelig havde Lars også, få måneder gammel, været med i sommerhuset ved Limfjorden, ved det vand, som han senere fik så meget glæde og fornøjelse af.

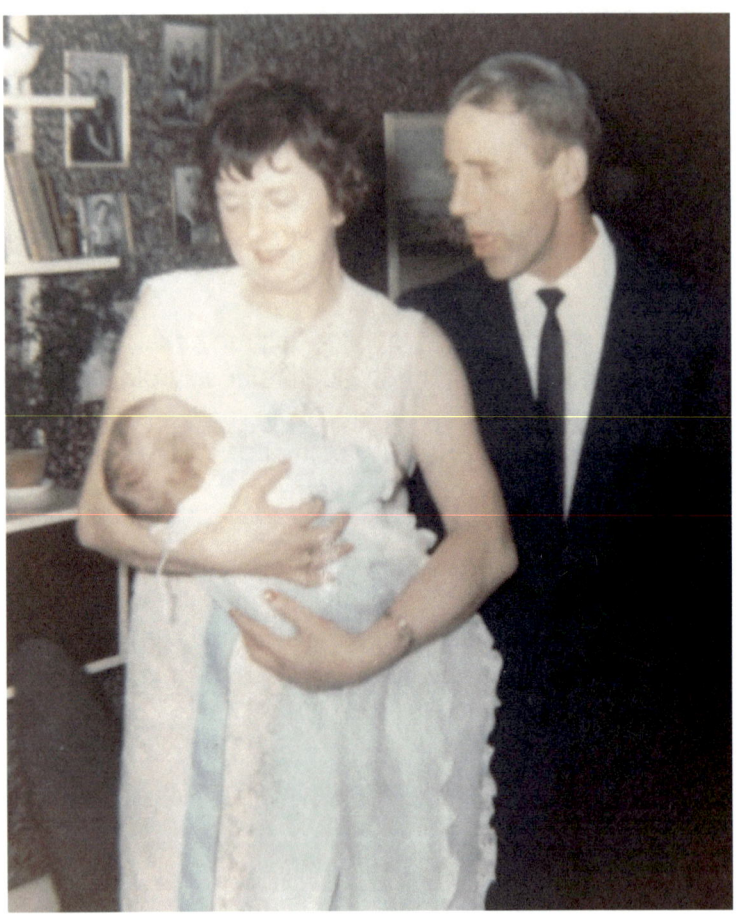

Årene i Skals 1966-1973

Jeg var så heldig, at min kærlige mor kunne passe Lars, mens jeg passede min elevplads på kontor på ASANI i Viborg.

Jeg skulle hjemmefra med bus 7.20 og kom først hjem 17.00.
  De første 3 år havde vi 2 værelser i mine forældres bolig på 1.sal i deres hus. Derefter flyttede vi på 2.sal, i en hyggelig kvistlejlighed, hvor min fars forældre havde nydt deres otium. Vi fortsatte med at spise hos mor og far.

Mor havde også taget sig af vasketøjet indtil da.

Men så købte jeg en vaskemaskine, som blev installeret i vores lejlighed, men som vi selvfølgelig begge brugte.
  Det var en stor hjælp, ikke mindst for min mor.

Første gang, Lars så den centrifugerede, kom han spurtende ind til mig, og råbte ivrigt "Mor, mor nu eksploderer den!"

Hvem skulle mon have passet Lars, hvis jeg ikke havde haft min mor? Hvad med min elevplads? Hvad var der mon blevet af os?

1 år gammel

Den første fødselsdag oprandt, og desværre skulle Lars nu opereres i de små fødder.

Hvor var vi kede af det alle sammen, men det var jo nødvendigt, for at få fødderne så gode som muligt. Det gjorde så ondt at tænke på, han skulle i narkose, og at der skulle skæres i de små fødder.

Vi kunne jo også godt regne ud, det ville gøre ondt bagefter, han ville græde, og have brug for os.

Og vi var der ikke.

Operationen blev foretaget af en meget dygtig professor Thomasen på Ortopædisk hospital. I "Den store Danske.dk" står om ham, at han fik stor betydning for det ortopædiske speciale.

Besøg hos Lars var ikke ønsket på afd. i de 2,5 måneder, han var indlagt, når jeg kun kunne komme i weekenden. Så var det bedre jeg blev væk, var beskeden. Dengang var 50 km længere end i dag, min arbejdsdag var lang, og kørekortet manglede stadig.

Autoritetstro var man desværre dengang. Må nok sige det er vældig længe siden den tro forsvandt.

Jeg havde en tidligere skoleveninde, der var sygeplejeelev på hospitalet. Hun var hjemme på besøg, og jeg fik hende til at tage nogle billeder af Lars.

Dejligt at få dem, hvor han lå i den hvide jernseng med høje sider. Den søde, lille dreng med de yndigste krøller, og selvfølgelig trillede tårerne hos mig, da jeg så billederne.

Næsten 2 måneder var gået, og savnet var stort.
Lille skat.

Desværre var Lars blevet klippet, da vi kom og hentede ham, hvor han igen skulle hjem. Nu ville han hellere være hos sygeplejersken, end over til mig, da han blev hentet ind fra middagssøvn i barnevognen. Han havde en grå teddybear kyse og en badekåbe, der var kæmpestor på. Nu skulle jeg tvinge ham over til mig, uden han ønskede det, hvor var det svært.

Nej, jeg havde ikke haft det sjovt og moret mig, mens han var indlagt, som en venindes mor foreslog mig. Underlig tanke, uanset min alder, savnede jeg min lille dreng, og havde ikke lyst til festivitas.

Er man ikke voksen før, bliver man det med sådan et stort ansvar.

Hjemkomsten blev heller ikke ren idyl. Den lille dreng kunne jo intet kende, end ikke sine legesager. Heldigvis kom det lige så stille, og han blev den dejlige, glade og trygge lille Lars igen.
    Men svært at se på.

Der var nu blevet lavet en slags støvler af stiv læder, kapsler hed de, til Lars. De dækkede fødder og underben og var snøret ned foran. Dem skulle han have på hver dag, for at holde fødderne i den rigtige facon. Han måtte gerne støtte på dem, så det gik ganske udmærket, og vi skulle fortsætte med jævnlige besøg på hospitalet, en god times kørsel væk.

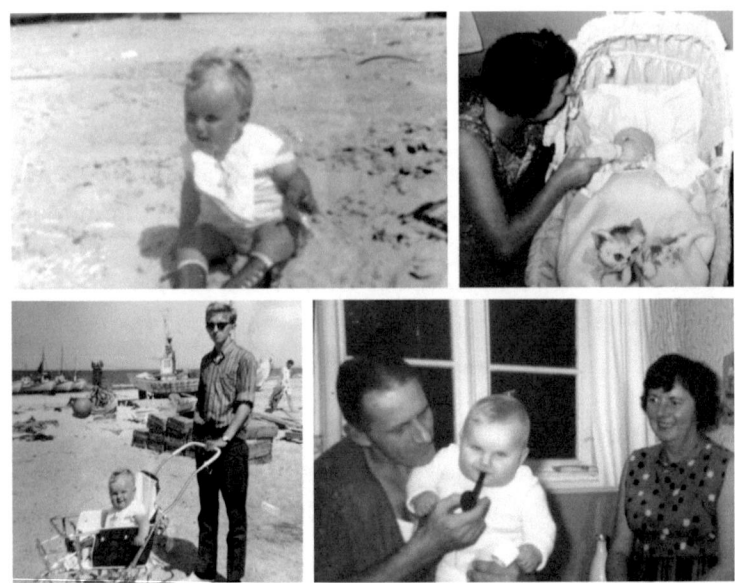

Også strandlivet kunne nydes med kapslerne på, og Laust ved roret, her ved Slettestrand.

2 år

Endnu en operation, da Lars var 2 år. Meget hårdt, at han igen skulle skæres i og i narkose.

Ked af det, men igen nødvendigt.

Denne gang var han kun indlagt 14 dage. Kom så hjem med begge ben i gips, fra tæerne og hele vejen op. Det havde han også været ved første operation.

Igen tog min mor det store læs. Håber virkelig jeg satte pris nok på det.♥ Selvfølgelig blev de også tæt knyttede.

Lars sad i sin seng, når vi ikke gik rundt med ham. Vi skulle holde ind under gipsbenene, der var meget tunge, og Lars ikke tålte de hang ned.
   Helt let var det heller ikke med bleen. Den øverste gipskant, der var foret med vat og gaze, kunne let blive fugtig af tis, uanset, hvordan vi forsøgte at undgå det. Det var jo med stofbleer dengang.
   Efter 2 måneder gik turen igen på hospitalet, og det var heldigvis den sidste operation. Nye skinner og sko blev lavet, for nu kunne man jo gå.

De mange ture til Ortopædisk i Århus blev kørt af den lokale vognmand. Min mor tog altid med, da der ofte var oceaner af lang ventetid. Der skulle skiftes ble, mades osv, uden at der var spor faciliteter til det. Nogen gange blev det også en træt og grædende lille dreng.

Aldrig, var der negative kommentarer fra min kontorchef om, at jeg skulle have fri så tit. Heller ikke da jeg, da Lars var 2 år, skulle have fjernet mandler. Det tog han også fra den muntre side. Jo, jo lige så længe det var nødvendigt, så jeg kunne blive fri for al den halsbetændelse –og det var tit.

Hvor var det synd, for den lille purk,
  Alt det han skulle igennem.
  Og selvfølgelig har det været voldsom hårdt for Lars. Kan faktisk give svære traumer, når det sker så tidligt i tilværelsen.
  Adskillelse har altid været svært for Lars, også som voksen, måske ikke underligt.

I dag er man heldigvis klogere og byder jo slet ikke en baby dette. Nu ved man, hvor slemt det er at blive adskilt fra sin familie, og for Lars' vedkommende gentagne gange.

Gibs på – Østrig – Løkken – kalv –boksning

Med fantastiske fødder

Efter en tid blev det til, at Lars kun skulle sove med kapsler om natten. Oh, så fantastisk og glædesfyldt.

Tænk, nu kunne vi komme ud og købe de første rigtige sko, til den 2 1/2 år gamle charmør.

Det var vidunderligt.

Siden hen er der flere i lægeverdenen, der har beundret Lars' fødder. "Det er fantastisk, de fine fødder der er blevet ud af det," har flere sagt, og ligeledes, at det var et held, at det var den tidligere nævnte professor, der havde opereret Lars. ♥

Tidligere ville man slet ikke komme til at gå, med så deforme fødder. Det hed Pedes calcaneii valgus m.g. (Svær dobbeltsidig klumpfod)

Livet skulle nydes, med de nu gode fødder, så Lars kom de følgende år til gymnastik og dans.

I Lars' første år syede og strikkede jeg selv det meste af hans tøj. Han fik bl.a. en fin sømandsjakke af min gamle duffelcoat. Der var mange penge at spare, og jeg var kontorelev, til han var 3 år. Ikke meget at rutte med da jeg også betalte, selvfølgelig et symbolsk beløb, til mine forældre. Buskort skulle der også til.

Jeg selv fik billigt tøj, da jeg kunne passe modeller og kollektionsprøver på min arbejdsplads. Det var det tøj, der havde været med repræsentanterne ude i forretningerne. Også billigt undertøj og strømper kunne købes der.

Det var et dejligt frynsegode.

3 år

Lars havde også en fantastisk oplevelse, da han som 3-årig kom med sine bedsteforældre med fly fra Karup til København.

Stor oplevelse, dengang i 1969. Der blev også uddelt små gaver til børn i SAS flyet. Bedstefar skulle til møde, bedste besøgte en nevø og de tog Lars med i Zoo. ♥

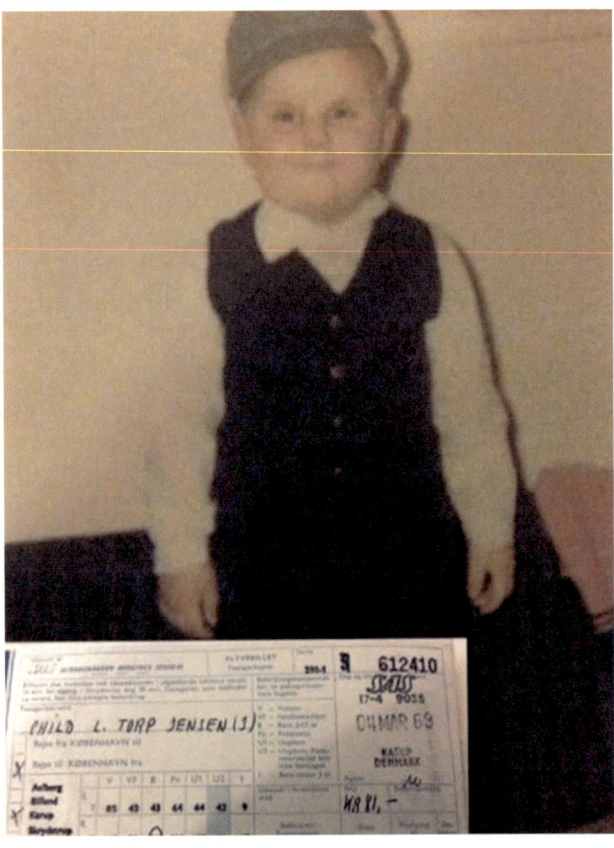

I øvrigt var Lars biologiske far igen inde i billedet en kort tid. Vi havde haft periodisk kontakt. I forbindelse med at afsoning efter en spritdom var slut, prøvede vi igen. Det var i øvrigt samme dag, som jeg var udlært på kontor.

Vi blev ringforlovede på Lars' 3 års fødselsdag, men noget godt forhold mellem os, eller far og søn, blev det ikke. Det sluttede efter ganske få måneder, og vi så ham aldrig mere.

Sommerferien var en uge i sommerhus i Stenbjerg, sammen med bedste og naboens søde datter Susanne. Bl.a. prøvede vi at køre i dobbeltdækker, og var i Vildsund Dyrehave. Selvfølgelig dyppede vi også tæerne i Vesterhavet.

Gennem årene kørte jeg også, et par gange, min mor på besøg hos hendes moster og morbrødre, i området ved Kongeåen, Sjølund bl.a. Sjovt at både Lars og jeg kan huske de gamle slægtninge, og hvor de boede. De var i øvrigt malere og kunstmalere de 4 brødre, og vi har en del af deres malerier.

Bedstemor og bedstefar havde sølvbryllup 1.april, det var ikke blevet en aprilsnar, og ihhh, hvor var det dejligt med fest, syntes Lars. Til morgenkaffen var Susanne klædt ud som Pippi, og kom og optrådte for os.

Om aftenen var der stor fest i forsamlingshuset.

Naboerne, Susannes familie, var næsten også Lars familie. Der var 2 søskende mere, samt begge forældre. De dejlige børn kaldte Lars for lillebror. Han havde så meget fornøjelse af dem. Vi nyder fortsat kontakt med dem.

Om sommeren blev oldefar 85 år. Han havde det ikke så godt mere, men de nærmeste var til eftermiddagskaffe på plejehjemmet.

Ham besøgte vi hver dag, når jeg kom hjem fra arbejde. Dejligt med lidt luft efter en dag på kontoret.

Der var også voliere med fugle, som Lars gerne ville se på.

Oldefar var meget bekymret over, jeg ikke snart fandt en mand. På hans tid kunne man vel nærmest ikke være enlig mor. Så blev man husbestyrerinde, måske hos en enkemand med børn.

Oldefar (min farfar) boede i Skals og oldemor (min mormor) i Viborg

Bedstefar blev 50 år, 11.11.69, og man kan holde sig længe vågen, når man er en festabe, så Lars snakkede og grinede, var eneste barn, og gæsterne nød også at lave sjov, og snakke med ham.

Oldemor i Viborg var død få dage inden 50 års dagen, men der blev valgt at holde fødselsdag alligevel. Vi har stadig nogle af de små bøger, hun kom med, når hun kom på besøg med rutebilen.

På billedet på næste side er min far lige kommet hjem efter 3 ugers studietur i USA.

Hvem fik gaver?

T-shirt, hvor der stod A LITTLE TIGER og hue fra O'HARE AIRPORT CHICAGO.

Billedet viser også 2-års fødselsdag med de søde nabobørn – bedstefar til åbent hus på REVA – indflytning i hus med Zita – Lars og Maggi

Jeg har altid læst meget forskelligt for Lars, også Anders And, som vi købte hver uge. På et tidspunkt roste damen på biblioteket Lars' store ordforråd. Hun var sikker på, at noget af det skyldtes, alt det jeg læste for ham. Ja, hun havde måske ret.
   Heldigvis var i-pad'en ikke kommet frem dengang, så havde han jo helt sikkert siddet med sådan en.

Interessen for dyr var vakt, bl.a. gennem oldemors små dyrebøger, og selvfølgelig måtte vi i Cirkus Benneweis i Viborg, og andre cirkus hen ad vejen.

Altid en succes.

I sommerferien havde vi lånt bedstefars Opel, og var på pensionat i Løkken. Et rigtigt hyggeligt sted. Vi spillede minigolf nogle gange, nød strandlivet, spiste masser af is, kørte ture og var bl.a. ved Rubjerg Knude Fyr.

En fisker på havnen syntes, Lars var sådan en gjæv dreng, så han skulle have en sodavand.

Og den var rød, heldige dreng. Farvede sodavand var bare fine og lækre dengang.

Vi var jo meget glade for fiskermiljøet i Sundstrup, og snakkede gerne med fiskerne på vores vej.

På hjemvejen besøgte vi Ålborg Zoo.

Lars var også så heldig at få både en elsket kusine og en lige så elsket fætter.

I barndommen havde de meget fornøjelse af hinanden. De boede også i Skals. Deres forældre blev skilt, men når de var på weekend hos deres far, som blev boende i byen, kom Lars tit med dem ud at køre en tur. Også jeg var med flere gange. Vi to singler, og vores dejlige børn, som holdt utrolig meget af hinanden, tog på gode ture til forskellige seværdigheder.

En vinterdag, med mørkeblå vanter, skete der et ærgerligt uheld, da Lars gerne ville med en anden dreng ind til bageren. Men ak, døren blev smækket i, den var tung, og det yderste led af en lillefinger blev ødelagt. Bedstemor prøvede at lokke med 25 øre til snold, da Lars grædende kom hjem, men han kunne ikke købes. Vanten kom af, og en blodig lille hånd kom til syne. Af sted til læge, som sagde, det bare skulle gro sammen af sig selv. Men nej, sådan gik det ikke, der blev dødt kød, og Lars måtte i lang tid gå med forbinding.

Forleden dag så jeg i TV en 5-årig dreng, der var kommet galt af sted, på nøjagtig samme måde. Selvfølgelig fik han det syet.

Lige efter jul 1971 skulle vi på vinterferie

Der skete dog et teknisk uheld med en vaskemaskine, på et møntvaskeri først. I en middagspause gik jeg af sted med vores tøj, som vi skulle have med. Men ak, maskinen gik i stykker, og kogte vores tøj! Selvfølgelig fik jeg det erstattet, efter at have prissat det.

Dog skulle jeg også lige på indkøb, og det var op over afrejse.

Vi skulle flyve fra Billund, og var med offentlig transport til Grindsted. Der boede min farbror, som kørte os til Billund, og så gik Sterling flyveren til Salzburg. Vi boede et sted, der hed Bruck, ved foden af Grossglockner.

Lars havde fortsat forbinding på fingeren, og måtte passe på ikke at støde den. Men kælke og køre i kane var dejligt, omgivet af de smukke bjerge.

Det var første gang, vi var i udlandet.

Serveringspigerne på hotellet lavede sjov, hver gang de kom forbi.

Men nej, Lars meddelte mig, at han gad altså ikke snakke med alle de piger. Måske var der også nogen sprogvanskeligheder. Han lærte dog at sige "keine suppe," når de kom med forretten om aftenen. Der vrimlede ikke med børn, men vi havde det alle rart og hyggeligt, både dag og aften.

Vi købte et par varme støvler og tyrolerbukser med hjem til Lars.

Hjemturen fra Billund til Skals blev meget behagelig. En rejsefælle, der egentlig skulle til Tåsinge, tilbød at køre os til Skals, og det kunne jeg da ikke sige nej til.

Sød fyr.

Efter hjemkomsten skulle Lars have briller, og øjenlægen konstaterede, at kun synet på det ene øje blev brugt.

Ak ja, det kunne lægen på Ortopædisk selvfølgelig se, allerede da Lars var ganske spæd. Tænk, hvis behandling allerede var sat ind dengang.

Behandling skulle være en klap for det raske øje en tid, og på den måde tvinge synet frem på det dårlige. Jeg var for blød, og nænnede det ikke ret lang tid, da der selvfølgelig blev protesteret kraftigt mod plasteret, og det ikke at kunne se.

Jeg syntes, at Lars havde været så vældig meget igennem allerede.

Måske dumt af mig.

I dag, hvor Lars er 54 år, er der ingen problemer med kun at bruge det ene øje, håber det varer ved livet ud for ham.

Sommerbyen Sundstrup

Også fjordlivet kom ind med modermælken. Den første redningsvest var ikke stor.

Min far havde en båd, hvor vi fiskede fra. Det var med garn og ruser. Dengang levede der alverdens fisk i fjorden, og Lars var, som min bror Laust og jeg, den fødte søulk, og vild med at komme med ud at fiske, også kl.5 om morgenen.

Apropos, den dejlige sommerby, er der specielt én fisker, der har gjort dybt indtryk på "drengene." De var vilde med at komme med ud at trawle med ham, og så virkelig op til den søde fisker. Hans kutter var alligevel MEGET større end bedstefars.

Lars har i årevis plaget om, at vi skulle ind at sige hej, og var derfor mere end klar til et genkik med ham efter rigtig mange år, omkring 40 år. Men, han har en mor, der ikke moser på som han gør.

Alligevel gjorde vi det i sommeren 2018 –og sikken en oplevelse. Lars gik først ind. De spurgte, hvem han var, og troede næsten ikke deres egne øjne, da Lars fortalte han var Torps barnebarn Lars.

Vi havde også kendt hinandens søskende og forældre, og alle nød vi at få vendt livets glæder og sorger gennem alle årene. Tror det var lige så stor en glæde for dem at gense os, som vi nød at hilse på dem.

Som en ekstra oplevelse kom hans bror på besøg, mens vi var der.

Kunne ikke være bedre, også at få hilst ham.

Vi har dejlige billeder, fra ca 1958 med Laust og 1971 med Lars, hvor de er sammen med omtalte fisker.

Sommeren 1971 indtog vi Langeland, hvor vi skulle på pensionat i en uge. Vi rejste med tog derned. Det var meget kedeligt ikke at have en bil, og det regnede meget.

Der var lutter ældre mennesker, og Lars blev nærmest betragtet som et forstyrrende element. Ikke spor rart, og vi rejste faktisk hjem før tid. Lavede en aftale med min mor, at hun skulle ringe og sige, vi skulle komme hjem, grundet et eller andet.

Ikke specielt fint i kanten, men man må sno sig, og jeg betalte ikke for de sidste dage.

Da vi kom hjem, lejede jeg en bil, tog Lars' spidstelt med og så gik turen til Løkken, endnu engang. Vejret var fantastisk, og stranden blev nydt. Sol, strand og vand er altid godt for store og små. Teltet havde jeg faktisk købt som legetelt til Lars. Der var en gård bag huset i Skals, hvor det blev slået op.

Så lavede bedste en lille madpakke, måske kage og så saftevand i en flaske, og der var klar til udflugt. Min far havde også lavet en gynge med et bildæk dernede.

Til jul blev Lars' mini-zoo grundlagt. Han fik en grøn undulat i julegave. Jeg købte den, og et fint bur, i Viborg, og havde det med i rutebilen.

Lars blev jublende glad. Den blev først døbt Trille, men senere omdøbt til Krølle. Den blev meget tam, og gav megen glæde i 8 år. Fløj frit rundt i stuen somme tider. På det tidspunkt havde vi en lampeskærm lavet af træspåner. Det var dejligt at sidde og hakke i kanterne på den.

Den blev dog udkonkurreret af vores første hund, en dværg gravhund, Sara.

I februar 1972 tog vi endnu engang til dejlige ØSTRIG.

Vi boede samme sted som året før, og var så heldige, at der også var gengangere, stor gensynsglæde.

Bl.a. et par med en pige, der var jævnaldrende med Lars. De var selv kørende derned denne gang, og havde deres datter med. De var fra Hanstholm. Det fik vi også glæde af, og kom med på nogle ture.

Bl.a. til en svømmehal i Zell am See, hvor fjernsynet kørte med kong Frederiks begravelse.

Vi oplevede også, at der var Maskerade (Karneval) en lørdag. Folk vi mødte i byen sagde alle "Maskerade, Maskerade," så vi fulgte bare menneskestrømmen. Og der var virkelig fest. Forskellige ting var bygget og monteret på ski, der skulle køre nedad bjergsiden. Lars husker, der var bygget en barbersalon monteret på ski. Der sad en mand i en stol, som blev sæbet ind i rigeligt barberskum. Deres snaps blev delt ud til alle os tilskuere, og selvfølgelig var der musik. Meget festligt.

Denne ferie stod vi begge to på ski.

Lars' interesse for alt på hjul, nød han tit om lørdagen. Vores nabo, en købmand, havde Carlsberg Depot. De våde varer kom til Skals i en godsvogn, og sønnen derfra, som er den nuværende købmand, kørte alle kasserne med øl og sodavand hjem efter lukketid. Lars har altid været god til at møve sig ind, det gjorde han også her, og blev medhjælpende "ølkusk". Når de andre skulle have en lille pause med en enkelt øl, fik Lars selvfølgelig en sodavand.

Der var en speedwaybane, Løvelbanen, tæt på Skals. Der var altid løb med de store drenge Store Bededag, og i nogle år var vi til det.

Der var navne som Ole Olsen, Erik Gundersen og Hans

Nielsen blandt kørerne, og vi kunne begge lide suset og drønet fra motorerne. Støv ikke at forglemme, når vi sad på de smukke lyngbakker, der omgiver banen.

Sidste år i 2019, skulle vi se filmen "Kongernes fald," der nu var lavet om de kendte speedwaykørere. Vi syntes, det var vældig interessant, men det var der åbenbart ikke andre, der gjorde. Vi var de eneste i den store biografsal, men så prøvede vi også det, underlig fornemmelse.

Mindre støj var der, da vi var til 6-dagesløb i Herning. Da havde vi kusine Lene med, og pludselig var der en kendt australier, Allan Clarke, 6-dagesklovnen blev han kaldt, der syntes, hun var sød, og kørte så tæt på, at hun lige blev purret i håret.
   Herligt, og de 2 unger fik en ekstra oplevelse.

Samme år åbnede der børnehave i Skals, og selvfølgelig skulle Lars gå der, den halve dag. Jeg afleverede om morgenen, og bedste hentede til frokost.
   Det var dejligt at udfolde sig der, ved det søde personale, med lederen Chris. Dog var der et problem. Jeg havde altid lært Lars, man ikke skulle slå. Og helt besynderligt fik jeg der besked på, jeg skulle lære ham at give igen, hvis nogen slog. Nå!

I børnehaven mente man, at Lars skulle have lidt taleundervisning.
   Hvilken nytte det var til, ved jeg så ikke lige. Den var vist bare lidt forsinket.

Om sommeren købte vi vores første bil, en Fiat 850, og vi kørte dejlige ture.

Vi var i Løkken, og hos min moster og onkel ved Varde. På den tur fik vi en bil op i bagenden, hvor Lars sad. Ja, vi blev bange, men heldigvis skete der ikke noget alvorligt.

Vi var også ved Himmelbjerget sammen med bedste, og ude at sejle med hjuldamperen Hjejlen.

Bilkøbet på dette tidspunkt skyldtes, at jeg i min uvidenhed om, hvor dyrt det var at have bil, troede jeg kunne have råd til at have den i studieårene, når den var betalt.

Men jeg blev hurtigt klogere.

Farvel til barndomsbyen 1973

Dagen kom, hvor vi skulle flytte. Først kørte flyttebilen, og så Lars og jeg i vores lille Fiat.

Det var meget hårdt, og ikke et øje var tørt, da vi vinkende kørte mod Ranum, og sagde farvel til det sted, hvor vi begge var vokset op.

For far og mor var vi de sidste, der flyttede fra reden, og det store hus ville blive tomt, med kun dem selv, for første gang i 28 år.

Vi skulle jo også være os selv efter Lars første 7 år i Skals, og vi skulle begge i skole.

Store omvæltninger for os alle 4.

Lars' skolegang begyndte 15.08.1973. På samme tid begyndte jeg på HF.

Jeg ønskede at skifte fag, og dermed også opnå at få mere tid med Lars. Som studerende i 6 år, og senere lærer, kunne jeg få dejlig flextid, og gode ferier, sammen med Lars. Jeg var også meget tiltrukket af miljøet i Ranum, hvor jeg var kommet en del hos min bror, bl.a. til fester.

Vinteren før havde jeg 2 aftener om ugen gået til noget matematikundervisning i Viborg. Kendte ikke den såkaldte nye matematik, og blev rådet til det af en studievejleder i Ranum.

Det var faktisk min bror, og et par kammerater, der foreslog mig HF/seminarie, da vi en aften sad og hyggede over en øl i Virksund. Jeg havde vel givet udtryk for bl.a. mangel på tid til Lars i forbindelse med at bo for os selv.

En mand i byen spurgte min mor, om ikke de skulle beholde Lars. Hun kunne benægte, og fortælle ham, at der aldrig havde været tvivl om, at Lars var min dreng.

Vi boede nu på et dejligt kollegie, og havde en skøn lejlighed. Det var ret nyt, med dejlige grønne områder, hvor der kunne cykles og leges i sikkerhed. De mange studerende var meget søde til at snakke og lege med Lars.
Sjovt og spændende for os begge.

Vi havde dog en besynderlig oplevelse den første weekend på det nye sted, hvor vi havde besøg af en veninde og hendes datter fra Skals.
Da vi stod op lørdag morgen, og kom ud til p-pladsen, hvor bilen var parkeret, sagde Lars "Mor, hvor er bilen?" Jeg pjævrede videre med veninden, og han sagde det igen. What, den var væk. Vi gjorde store øjne, og gik ned til Ranum City. Og kom ikke til Løgstør.
Det første vi mødte var en politibil, som jeg stoppede, og fortalte om min manglende bil. Tja, det var lige det, de manglede, da der var rømmet et par fyre fra det nærliggende Vitskøl Kloster. Det var på det tidspunkt ejet af Gentofte Kommune, og blev brugt til at få styr på deres "rødder", ved anbringelse der.
Underligt nok arbejdede min mand der faktisk på det tidspunkt.

Bilen blev hurtigt fundet i Viborg, kørt tom for benzin. Ellers var den ok, og jeg blev en skruetrækker rigere. Den havde de selvfølgelig startet med.
Desværre blev mine forældre vækket en morgen ved 4-tiden af nogle betjente, der spurgte om de havde en datter med mit navn ...total tåbeligt, at skrække livet af folk, blot

for at fortælle at min bil nu stod uskadt på politistationen i Viborg.

En lærerstuderende havde en gammel Nimbus motorcykel med sidevogn, som Lars selvfølgelig charmede sig til at få en tur i.

Han hjalp også med skraldespandetømning på kollegiet. Det var en pensionist, med en lille traktor med vogn, der stod for det, så det gav mange sjove køreture. Der boede også et par andre børn, det var dejligt.

Lars har været til rigtig mange koncerter gennem livet. Den FØRSTE var i festsalen på Ranum Statsseminarium. Det var med dejlige TRILLE. Hun syntes også Lars var dejlig, og pludselig kom hun ned fra scenen, satte sig ned foran ham, tog hans hånd, og sang en sang til ham.

Det var stort, ikke mindst for moderen.

Den STØRSTE koncert i barndommen var, GASOLIN i 1978, i Hobro Hallen.

Vi så også meget til mine venner, da det kun var mig, der havde lejlighed, og dermed bedst plads til tedrikning mm.

Skulle jeg i byen, var der 2 store piger, som hyggede hos Lars, eller han tog rutebilen hjem til Skals, som det stadig hed.

Fra alle mine kontorår i Viborg, var jeg godt kendt med chaufførerne på DSB's Viborg-Løgstør rute, og Lars ligeså.

De var helt fantastiske. En fredag aften, ved ankomst til Skals, stoppede chaufføren Jens udenfor mine forældres hus, og sagde til den "unge mand," at nu kom han ikke nærmere, VÆRSGO, inden han kørte de sidste 300 m hen til stoppestedet. Der var service på.

Snart udvidede Lars sin Zoo med akvarie og marsvin. Undulaten var jo med fra Skals. Akvariet med gubbyer blev han overtalt til af en pædagog i børnehaven. Vi måtte købe akvarie, og han leverede fiskene.

Børnehaven i Ranum var indrettet sådan, at også de børn, der havde behov i de første skoleår, kunne komme der efter skoletid. Vi var nogen stykker der læste, der havde behovet.

Senere blev det også til et marsvin, det skulle jo bare gå i en kasse. Vi blev dog gjort opmærksomme på, det måske var med unger. Og pludselig en morgen var der unger. Så var det ikke én kasse, det blev til 4, da de meget hurtigt er kønsmodne. At få dem afsat var nemlig ikke let. Enden på det hele blev, at de kom med på sommerferie i Skals, hvor tidligere omtalte Susanne kendte nogle aftagere.

Et forår hentede vi frøæg fra et vandhul i Rønbjerg, få km væk. Vi havde dem i et glas, og fulgte deres udvikling, inden de kom tilbage i vandhullet.

Nu til den mere alvorlige del.

Lige meget, hvor interesseret Lars var i at gå i skole, voldte det store problemer.

Allerede læreruddannede morbror Laust, kom et par gange om ugen for at hjælpe os begge. Jeg var 26 år, gået ud af 8.kl., og der var meget, der skulle opfriskes, også matematik. Han har altid støttet os vældig meget.

Nogen gange så det noget sort ud, og jeg var bekymret over de store udfordringer for Lars.

Var han overhovedet det rigtige sted?

Det var slut med de glade barndomsår.

Kæmp for alt hvad du har kært ...

Mine oplevelser og erfaringer har hele vejen sagt mig, at det nytter at kæmpe.

8 år gammel blev det konstateret, at Lars havde nogen modermærker på den ene fod, som måtte fjernes. Turen gik til hudlæge i Ålborg, og sikken omgang. Jeg måtte ikke komme med ind, og Lars var åbenbart ikke bedøvet ordentligt, så jeg sad i venteværelset og hørte, hvordan den stakkels dreng skreg.
Åh, hvor var det synd.

Havde det været i dag, var jeg gået derind, og givet en lige højre til den forfærdelige hudlæge.
Men det må man jo ikke.
Man bliver klogere med alderen, men for sent med dette.

Senere har han fået fjernet modermærker, på det lokale sygehus her i Randers, men med ordentlig bedøvelse.

Mange ture kom til at gå til Ålborg, som ellers er en skøn by, blot ikke i de ærinder vi havde der, i 70'erne.

Penge blev noget, vi havde engang. Lars fik nogenlunde det, han havde brug for. Det var min faste beslutning, da jeg besluttede mig for at sige farvel til arbejdsmarkedet for nogle år, at han ikke skulle undvære.
Det var trods alt 6 år af hans barndom, der ville gå. For mig var det ret fantastisk, at mit job nu bestod i at suge viden til sig.

Sammen med en veninde brugte jeg noget af sommerferien til at gøre hovedrengøring på de tomme kollegieværelser, samt fælleskøkkener m.m., et par somre.

Lars kunne være derhjemme, eller i børnehaven.

Forsøgte på Løgstør kommune, om ikke det var muligt, at få en form for støtte, nu jeg havde Lars. SU'en var det samme, om man var forsørger eller ej, men nej, det kunne der ikke være tale om. Jeg kunne jo bare gå ud at bruge den uddannelse, jeg havde i forvejen. At den nye uddannelse ville give mig bedre vilkår, som enlig forsørger, havde ingen betydning. Lars havde ingen diagnose.

Der var ingen økonomisk hjælp at hente.

Senere havde jeg feriejob, og vikartimer på Vestermarksko-len i Års, hvor min bror var ansat, samt på Års Kommuneskole, hvor Lars senere kom til at gå. På et tidspunkt blev det for hårdt for mig, med alt det arbejde oven i studiet, og jeg opsøgte min læge, som sørgede for, jeg fik et bidrag fra Års kommune.

Men ak, fluks den sidste eksamen var i hus, blev kassen lukket, og jeg kunne få job på byens Fjerkræslagteri, til trods for, vi skulle flytte en måned senere, og jeg havde fået job som lærer. Husker ikke om jeg fik penge, men at jeg sagde nej til fabriksarbejdet.

Tænk, at jeg skulle bruge mine kræfter der, og Lars så kunne passe sig selv den sidste tid, i stedet for, at vi kunne få lidt tiltrængt ferie sammen.

9 år gammel fik Lars et krampeanfald. Det var ca. 5 år siden sidst. Vi måtte til læge, som spurgte om, hvor tit han havde haft det. Jeg måtte svare, en 6-8 gange. OK, hvis han havde haft det 8 gange, var det de 7 for meget, til at det aldrig var undersøgt.

En anden holdning end hos lægen i Skals, der udskrev Fenemal, der er krampestillende, og som han bare skulle have ved anfald.

Lars blev nu indlagt på Ålborg Sygehus Nord, i starten af 1976 til undersøgelse. Var der en hel måned, uden at der fandtes en årsag. Konklusionen hed, at det var en form for børnekrampe, som han med 90% sikkerhed, ville vokse fra.

Og ja, 13 år gammel var der en sidste hilsen fra den sygdom, med lidt synsforstyrrelse, og behandling med det anti-epileptiske Phenotyin, kunne nu stoppe.

Der havde været mange Ålborg ture til blodprøver. Lars tog det i stiv arm, og når sygeplejersken hentede ham, og spurgte, om ikke jeg skulle med ind, sagde Lars "Nej, hun kan ikke tåle at se blod." Hvor han så lige havde det fra.

Da Lars fik kørekort, skulle det fornyes efter 2 år, tror jeg, det var, for at sikre at der fortsat ingen krampe var. Det var der heldigvis ikke.

Derimod fandtes der ved indlæggelsen kraftig hørenedsættelse, og Lars fik høreapparater. Den tids apparater var ikke gode at have på, med en hænger bag øret, og generede Lars meget, og blev opgivet.

Den måde Lars' hørelse er nedsat på, betyder det største tab er på vores taleniveau. Altså en lige linie med et stort dyk på midten. Det kunne apparaterne ikke finde ud af dengang, ALT blev forstærket, også der, hvor hørelsen var bedre.

Mht. hørelse/fortsat skolegang blev Ålborgskolen, en skole for børn med døvblindhed og høretab foreslået, som en mulighed. Vi var ude at se på den. Jeg kunne, bare ved at se de stærkt hørehæmmede børn der, dog meget hurtigt sige nej tak, til det tilbud.

Helt uoverskueligt. Der ville også være lang transport hver dag.

De var meget dygtige på Ålborg Sygehus, og foreslog et sommerkursus. Jeg tror det var 1 uge, og for Hørehæmmede Skolebørn, i Tjele. Lars var af sted, og blev nu udstyret med hørebriller. Var det ikke problematisk før, så må jeg nok sige, det blev det. Stængerne knækkede, var meget skrøbelige, bare ved mindste berøring. Og det skete af og til, når der blev leget, spillet fodbold osv.
   Med det sluttede alle forsøg på høreapparater desværre fra Lars side. Han ville ikke mere.

Diagnose på skæv ryg, Scoliosis, fik han også. Har nu aldrig mærket noget til det. Bedste og moster havde/har slem scoliosis. Jeg har også en smule.

Den dårlige motorik, Lars havde, skyldtes nogen spastiske træk, og jeg skulle lære at lave nogle øvelser, så jeg kunne træne med ham. En spastikerkonsulent kom hos os, og lærte mig nye øvelser. Bl.a. med kridt på en bordplade. Hvad gjorde vi? Vi ofrede det næsten nye spisebord i lys eg, det måtte have en gang tavlemaling. Eneste mulighed i den lille lejlighed på kollegiet. Motorikken blev bedre, men generer stadigvæk med lidt rysten/sitren.
   Lars kom også til fysioterapeut, og vi måtte anskaffe en ribbe til det lille hjem. Tænk, den fik vi betalt.

Den tid Lars var indlagt, besøgte jeg ham hver eftermiddag. Med bus, eller nogle gange kunne jeg låne en bil. Vi gik ture i byen, til vandet, i bio, vi husker begge at vi så Robin Hood som tegnefilm, på cafe osv.

Om aftenen var der også af og til besøg. Dels af min kusine og dels af en god ven, der begge boede i området.

Mine matematiktimer lå om eftermiddagen, og min lærer var meget bekymret over mit fravær. Måske var jeg det også selv, men jeg forsøgte, også med min brors hjælp, at komme igennem det forsømte. Klarede da også eksamen.

Da Lars' 10-års fødselsdag nærmede sig, og jeg ikke syntes, der skete mere på sygehuset, meddelte jeg, at det ville være fint, hvis de snart blev færdige med undersøgelser.

De fik min plan at vide, nemlig at jeg ville tage Lars hjem til hans fødselsdag, så jeg også igen kunne passe mit studie. Så måtte resten klares ambulant.

Hverken Lars eller jeg orkede mere. Og ja, han blev udskrevet.

Jeg havde lånt festlokalet på kollegiet, hvor hans kl.kammerater kom, og fejrede den første runde fødselsdag. Min veninde og jeg havde pyntet op og servicerede.
    Det var jo også velkommen hjem fest.

Ved et af de utallige kontrolbesøg i Ålborg, beundrede en overlæge på børneafdelingen de fine fødder, samt den vældige udvikling, der havde været med min søn, på dengang 10 år. Så sagde han, mens han så mig i øjnene

"Du er vel nok klar over, hvem der skal have den største del af æren for den udvikling, din dreng har gennemgået?"

Om jeg blev glad?
    ALDRIG har noget gjort mig så stolt og lykkelig.

Jeg voksede vældig meget!

I vores samfund bruger vi jo ikke meget at rose hinanden. Men et lille menneske, man har sat i verden, fortjener det bedste.

Nogen kalder det forkælelse, jeg kalder det kærlighed, og det er/har hele tiden været af kæmpe betydning, at Lars skulle føle sig elsket.

I dag kan en del forældre dårligt nok overkomme deres egne sunde og raske børn, og må holde kæresteweekend, ferier uden børn, og nogle trækker vejret gennem en mobil, frem for at hygge med barnet i barnevognen.

Svært at forstå, jeg fatter det ikke.

Lars kom fra 3.kl. i en specialklasse. Han blev faktisk diagnosticeret som værende adfærdsvanskelig, kan jeg læse i nogle papirer.

Har dog aldrig kendt mage!

Nok har han fejlet meget, men det har han dog aldrig været. Jeg er i hvert fald aldrig blevet underrettet om det.

Nogen af dem, der gik i kl., var placeret der netop af adfærdsmæssige årsager, sikkert derfor de også ville putte det på Lars.

Desværre er det ret normalt at blande den gruppe sammen med børn med generelle vanskeligheder, der har behov for ro.

Slet ikke hensigtsmæssigt.

Vi havde flere kedelige oplevelser i Ranum. En lærer var tidligere militærmand. Han troede stadig, han var det, når han hundsede med eleverne, som han havde til idræt.

Han tolererede absolut ikke, at der var en del Lars ikke kunne med de dårlige fødder.

Jeg fortalte det på Ortopædisk, hvor professoren udbrød "Jamen, han har da ikke gymnastik?" Og straks blev der skrevet en lægeattest, gældende hele skoletiden, at Lars ikke måtte deltage i gymnastik.

Den blev afleveret ved inspektøren, som også var en kras type, så det var jeg også blevet nu "Værsgo!"

Dermed besluttede jeg, at Lars ikke skulle gå i den skole mere, det var alt for hårdt et miljø for ham, som gjorde ham nervøs og usikker.

Der blev sommerferie, og efter ferien skulle der indvies nye skolebygninger. Lars var udvalgt til at klippe silkebåndet, til den fløj, hvor han skulle gå, på første skoledag efter sommerferien.

Det gjorde han, og så var det slut.

En tid gik han ikke i skole, men var i børnehaven, mens jeg var på seminariet. Der var en fantastisk leder, som havde gjort alt, hvad hun kunne for at støtte os. Bl.a. skrev hun til skolen.

Der var flere skolemuligheder, men ikke uden at vi skulle flytte.

Det var jeg meget ked af, men der var ingen valg.

Det var Lars' liv det gjaldt.

Bofællesskab fra efterår 1976 –efterår 1978

Min bror tilbød, at vi kunne flytte ud til ham, hans kone og hendes 3 drenge, ca. jævnaldrende med Lars.

Langt ude på landet. 30 km fra Ranum.

De boede i et meget stort hus, egentlig bygget til kollektiv af min svigerinde og hendes ex-mand.

Der var en god skole i nærheden, som jeg også kendte gennem praktikforløb, og Lars kom til at stortrives både i skolen, og på den nye bopæl.

I skolen kom han i en dejlig hjælpeklasse, med søde og interesserede lærere. Der var også søde elever, og ikke adfærdsvanskelige og urolige.

De havde selvfølgelig en sløjdlærer til sløjd, musiklærer til musik osv. Altså de rigtige faglærere til de forskellige fag og i faglokaler.

Der var friluftsbad i Års, hvor de gik ned om sommeren. På vejen smuttede nogle af eleverne ind til en bager, købte et franskbrød, som blev udhulet, og fyldt op med flødeboller.

Fy, fy skamme.

Det var kun et par stykker, der havde penge med i skole, men så gav de bare de andre en bid af snasket.

Eleverne var også accepterede af de øvrige elever på skolen. Alt i alt en dejlig skole, hvor jeg måske skulle være blevet.

Men at bo på landet, nej, jeg var meget ked af det, der blev grædt mange tårer, og savnet af studievennerne var stort. Umuligt for dem at besøge mig langt ude på landet.

De glade studieår var nu slut for mig.

For Lars var der derimod nye, gode aktiviteter. Masser af tumleplads, træklatring, fodbold, leg med sne og ishockey på en nærliggende dam, var noget af det. Der var også en skøn hund.

Masser af leg med de 3 andre drenge, der boede der. De blandede alt deres LEGO, der var vildt meget, og så byggede de på livet løs, på en stor plade. Blot ikke så nemt at dele igen, da vi skulle flytte.

En dag, hvor de klatrede i den kæmpestore blodbøg, var Lars en dag ved at falde ned, men fik heldigvis fat i en gren. En af de andre drenge jublede og sagde, han klatrede som en abe. Ak ja, han troede det var med vilje. Men heldigvis skete der ikke noget i faldet.

Lars havde pengeproblemer. De 3 fik flere lommepenge af deres forældre. Lars havde ikke nær så mange penge fra den studerende mor, og fik ikke lommepenge. Jeg betalte ved kasse 1, for akvariefisk, A. And, LEGO osv. Jeg regnede på det, og tilbød ham så x kr om ugen. Det ville han gerne, og fandt på den måde ud af, at han egentlig havde det fint med penge.

Et lille ømt uheld skete en morgen, hvor Lars var hjælper ved madpakkesmøring. Idet han skulle tage noget i bunden af et skab, vi husker begge det var en dåse makrel, sker der noget. Han siger "AV AV" —desværre havde den lille mand været lidt udenfor, og var blevet klemt fast i buksernes lynlås. Min bror og jeg forsøgte, men nej, skulle vi køre op eller ned, af sted til læge.

Lidt bedøvelse, og vupti, så slap den fri. Men det var 2. gang den dag, der var en med det uheld, fortalte lægen.

Naboen var en lille ejendom, hvor Lars igen møffede sig ind hos et par søde mennesker. Her sad han inde ved grisene, når der var smågrise på vej, og så efter om alt var ok, og tørrede dem så med lidt halm.

Han fodrede kalve, og fik også sin helt egen jerseykalv. Den hentede vi i vores 2 CV ude på en anden gård. Til transporten hjem fik den en lærredssæk om bagpartiet, og så ind på bagsædet.

Hu Hej, det gik derud af.

Aftalen med de naboer, hvor kalven skulle stå var, at de betalte foderet, og skulle have halvdelen af kødet, når den ved 1-års alderen skulle slagtes.

Jeg tænkte med skræk på, at Lars skulle sige farvel til den, men ingen problem i det. Han insisterede endda på, at han ville være med til slagtningen.

Det foregik sådan, at den først fik et slag i panden med en stor hammer, før den blev stukket, og blodet kunne løbe af. Frygteligt.

Lars' kommentar var, at ville man være landmand, kunne man lige så godt lære det.

Alt dette var godt nok meget bedre end gymnastik i den tidligere skole. Og sikken udvikling af motorikken. Alt det, der skete her, var i Lars' tilfælde meget mere værd end skolegang. Som han selvfølgelig også passede.

Der var en gammel hønsegård ved min bror, og en dag Lars og jeg var på Landbomarked i Års, så vi nogle små, søde gæslinger, som vi fluks forelskede os i. Laust syntes, det var i orden selv at fede julegæssene op, så han renoverede hønsegård og hus.

Vi tog af sted efter 2 gæslinger, og foder, på næste markedsdag. Det blev nogen dyre gæs med alt det foder, vi måtte købe. Efter høst måtte de gå på nabomarken, og guffe det korn i sig, der fortsat lå der.

Vi havde ved flytningen på landet været nødt til at købe bil igen. Jeg havde en periode kørt med en klassekammerat, som bare pludselig sagde, at nu havde han haft de nødvendige timer til et eksamensfri fag, sang/musik.

Det havde jeg ikke, så bil måtte der til, også ret akut. Denne gang en 2CV, hvor forlygterne kunne skrues op og ned, og der var soltag ikke at forglemme.
De 30 km til seminariet var umuligt med det offentlige.
Ikke et godt valg af bil. Den krævede mange reparationer, og der måtte lånes penge. Min fars holdning var, at en god skolegang til Lars, kunne købes for penge, og ja, hvor var det rigtigt.
Det med vippelygterne var ret smart, når vi glemte at lukke gæssene ind, og skulle lede efter dem, så ræven ikke tog dem.
Bl.a. en aften, hvor jeg skulle til Ranum, mødte jeg ræven. Kom i tanker om, gæssene ikke var lukket ind. Så var det med at vende kareten, og hjem at få fat i kræene.

Soltaget var også nyttigt, da vi engang skulle flytte et lille køleskab. Det kunne ikke gå ind gennem de små bagdøre ... men ned gennem soltaget gik det.
2CV'en var et dyrt, men sjovt, bekendtskab i de 3 år det varede, og udgjorde en pæn del af min studiegæld. Den var jeg færdig med at betale som 50-årig, hvor jeg også blev syg og måtte opgive mit dejlige job.

En tid gik Lars til ridning, grunden til han fik lov var, at det er en god motorisk træning. Han var glad for det, men efter et par år, hvor han var blevet smidt af et par gange, måtte jeg sige stop. Turde ikke mere. Det samme skete nemlig for en pige, som slog sine tænder i stykker. Heller ikke en billig hobby, men gode venskaber var der.

Efter en julefrokost i deres lille klubhus, skulle de videre til bal på Farsø Hotel og ville have 12-årige Lars med. Men der stod Lars heldigvis selv af.

Han er stadig på Facebook med en pige derfra.

Laust var stadig den kærlige hjælper for Lars. Men desværre var hans kone ikke altid lige gemytlig.

Selv om der kun var 9 måneder tilbage af min studietid, så jeg ikke andre udveje end at flytte derfra. Det der skulle være bofællesskab var kørt helt af sporet, og jeg skulle bare indordne mig.

Det var synd for både morbror Laust og os.

Lars havde haft en dejlig tid, men for mig havde det været hårdt.

Pludselig skulle der laves mad og købes ind til 8 personer, hvor jeg var vant til 2.

Kartofler og grøntsager skulle om vinteren hentes ude, hvor det var i en kule. Der kom også små museunger frem fra en rede somme tider. Hvis hunden var i nærheden, tog den dem.

Rengøringen i de store fælles rum var også hårdt hver uge. Det foregik ligeledes på svigerindens præmisser, og var noget anderledes end min og Jans, en fyr, som også boede der. Vasketøj var også i en fælles pulje, ikke spor sjovt. Uf, der var meget.

Endelig var der en megastor køkkenhave. Men jeg KUNNE og ORKEDE ikke, også at skulle hjælpe der, som forventet.

Jeg havde også lige de 30 km på seminariet, lektier/opgaver, Lars, og meget mere, der skulle bruges tid på.

Bare os 2

Jagten gik ind på at finde et sted, vi nu kunne bo. Kørte rundt på markvejene, og så på tomme huse. En dag ved købmanden i Østrup, spurgte jeg, om han kendte til noget. Han havde et forslag, og jeg kørte hen for at spørge land-manden, om vi kunne bo der i 9 måneder.

Efterhånden som han fik at vide, hvem jeg var, hvad jeg la-vede osv. var det i orden. Lejligheden var lavet som aftægts-bolig, og var normalt ikke lejet ud.

Absolut ikke luksus, men pyt, det var kun kort tid.

Bad måtte vi foretage hos bonden i stueetagen, og helst ikke for meget. Der var en kvindelig karl på gården, så vi var 6 personer om det ene badeværelse. Vi havde dog selv toilet og håndvask.

På et tidspunkt blev der lavet bruser ude i malkerummet. Det vand, der blev brugt til at nedkøle mælken med, kunne vi bruge til brus. Han brugte det selv, men ingen af os andre stillede op derude uden at kunne låse en dør, og trække et gardin for.

Den vinter vi boede der, frøs rørene i køkkenet. De var isoleret med olmerdugsdyner inde i skunken. Jeg fortalte ham, at dem kunne han sælge. Det gjorde han straks til en bekendt. Nej, nej desværre kunne jeg ikke købe en.

Smeden kom så, og fik tøet op og isoleret rør.

Bonden rystede lidt på hovedet af mig, når jeg kom iført mit 2CV tøj. At køre til Ranum i den vinterkolde bil, var ingen spøg. Jeg havde arvet en afghanerpels af en veninde og købt andefødder i kærnelæder med lang skaft, selvfølgelig også hue og luffer. Når han så mig sagde han "Uha, a wed æ hva do ligner!"

Nu var det jo også for at holde varmen.

Jeg havde også et billede af kommunisten Knud Jespersen på min opslagstavle, som han så engang. Det var slemt.

Lavede også hyldeblomstvin, ja, det lugtede også nedenunder.

Køleskab var der ikke, men jeg lånte mig frem, som tidligere beskrevet.

Konen i huset havde haft hjerneblødning, sad i kørestol og var nærmest uden sprog. Hun var, som jeg, meget håndarbejdsinteresseret, og vi fandt ud af at kommunikere sammen. Når hun ville snakke, kørte hun hen til trappen, der gik op til os, og med en bestemt lyd kaldte hun på mig.

En sødeste dame.

Vi blev ret familiære med dem, selv om jeg ikke var helt som dem. Vi blev bl.a. inviteret med på søndagskaffe i Rold og til Sct.Hans med naboerne.

Igen var der masser af dyr. Køer og kalve, samt en stor tyr, Ferdinand, der vejede et ton, grise, heste, hund og katte.

Hunden var ejet af sønnen Ole, og var en skøn Golden retriever, der hed Bjarke. Den strejfede dog meget. Flere gange mødte jeg Bjarke i Års, ca. 5 km væk. En gang kom den svansende på fortovet med en anden hund. Jeg måtte afbryde deres hyggetur, og fik Bjarke ind i bilen, så den kunne komme med hjem.

Nå ja, Ole var bokser og snakkede også meget med Lars, der også fik et par gamle boksehandsker af ham, og vi syede en rigtig boksesæk, på min fars lædermaskine.

Der boede også en anden bokser i den lille by, den senere professionelle verdensmester, bokser Gert Bo Jakobsen,

som var købmandens søn. Derfor tog Lars til flere bokse-
kampe med ham, da vi senere kom til Randers.

Det var så også Ole, der havde heste på gården, hvor vi
boede, bl.a. en flot hingst. Når den skulle på "arbejde", var
Lars ofte med i traktoren med hestetraileren efter. Det kunne
godt tage lang tid, blive sent aften, ikke alt lykkes første
gang. Men jeg vidste han var i gode hænder.

Og så var der en mekaniker som genbo, Knud.

Der tilbragte Lars en del tid, og lærte en vældig masse
om lastbiler, som han den dag i dag, har stor glæde af i for-
bindelse med Truckerstævner, som vi har kørt ham til. Han
abonnerer også på et tidsskrift om lastbiler, spiller PC spil
og når vi kører på motorvejen mm.

På værkstedet var der altid meget travlt i weekenden. Da
kom de store lastbiler, der kørte udenlands hjem, og skulle
gøres klar til den næste uge. Var han ikke derovre, kunne
han stå i vores karnap og se derover.

Heldigvis var der bedre tid i hverdagene, når bl.a. min bil
kunne have brug for starthjælp, hvis der var koldt. Først
skulle bilerne på mejeriet dog have starthjælp.

En morgen, hvor jeg skulle til Ranum, og til eksamen, var
det nær gået galt med tid men heldigvis nåede vi det.

Min eksamensnervøsitet blev dog ikke mindre.

Fra Himmerland til Østjylland

Læreruddannelsen var i hus juni 1979. Jeg fik job ved Randers, og endnu en flytning var foruden.

I studietiden gennemgik vi noget om specialundervisning i forskellige amter. Desværre hoppede jeg på limpinden om, hvor godt det var i Østjylland. Jeg havde egentlig slet ikke lyst til at flytte til en anden og ukendt egn, og dog mine bedste venner fik job i Ebeltoft. Og med Randersegnen var der ikke langt, hverken til dem eller mine forældre.

Vores første bopæl var på et nedlagt landbrug. Det var svært at finde en lejebolig, især når vi ville have hund. Lars fik igen sin faste gang på 2 nabogårde. Bedst af alt, en længe ønsket lille hund blev anskaffet. En lille gravhund SARA. Desværre blev den syg, fik slem discusprolabs, og måtte aflives kun 4 år gammel i 1983.

Vi begyndte på samme skole. Når vores mødetider ikke passede sammen, måtte Lars gå 1 km op og tage skolebussen. Han blev hærdet, også i snestorm, omgivet af marker.
En dag om ugen skulle han møde til 3. time, og et minutur blev stillet til den tid, han skulle gøre sig klar, og komme af sted. Sagde moderen.
Han gjorde, som han havde fået besked på, men kom ikke på skolen.

Mystik. Der måtte findes ud af, hvad pokker der skete.

Det viste sig, meget pinligt, at jeg havde stillet uret forkert hver gang. Det kom jeg til at høre meget for, også fra buschaufføren, da jeg troede at det var ham, der kørte for tidligt.

Lars stod pligtskyldigt og ventede i laaang tid, før han måtte traske hjem igen.

Så de håbede ikke jeg var matematiklærer, ups.

Lars var nu i 7.kl., med konfirmation forude.

De bedste timer i 7. kl. var at gå til præst. Præsten spillede fodbold med eleverne, blot måtte de ikke skyde hans frugt ned. De måtte gerne spise det, der var på jorden.

Når det var rigtig koldt, lavede han kakao og bouillon til dem. Præsten var en dejlig legeonkel.

Kirken, hvor Lars blev konfirmeret, var i samme lille by, Linde, som hans oldefar, min morfar, var født i. Ikke mindst bedste syntes selvfølgelig, det var sjovt, og vi havde en hyggelig fest med de nærmeste. Nogle af pengegaverne gik til en cykel.

Blå mandag fejrede Lars med Rene i Randers.

Kammeratskab/venskab var ikke-eksisterende i klassen, ingen kerede om de to. Men dejligt de havde hinanden.

I frikvartererne var der et fristed for Lars, og et par stykker mere hos de søde pedeller, nemlig i deres rum. De udleverede skolemælk, men drengene måtte gerne være der.

Et andet var ude hos chaufførerne, der kørte skolebusserne.

Godt der fandtes mennesker, der havde overskud til et lille klap. Det var tiltrængt.

Jeg er glad for at alle de psykologiske diagnoser der bliver brugt i dag, ikke blev brugt dengang.

Ejendommen, vi boede på, blev solgt efter et år, og vi kom ind til storbyen Randers at bo. Det, som jeg ellers frygtede, at Lars skulle.

Men rigtig godt for ham med alle årene på landet.

Vi lejede et dejligt, helt nyt rækkehus, i udkanten af byen. Jeg havde kun været medlem af Boligforeningen ganske kort tid, men skrev et brev til dem om min situation. Det var nok ingen skade til, så vi fik en dejlig bolig med en lille have. Og der var plads til både os og vovse.

Igen skulle der nye briller til. Men Lars ville ikke bruge dem, han så bedre uden, sagde han. Nå, hvad var nu det for noget?

De var købt hos en optiker, der var med i skolebestyrelsen, og jeg havde hørt, han var dygtig. Men vi gik til en anden, og sandelig om ikke der var byttet om på glassene.

Forfærdeligt jeg ikke straks troede på Lars.

Flere gange i 8. og flere gange i 9.kl. kom Lars i dejlige praktikophold, fordi han var kommet i den alternative kl. på skolen. Den lærer, der var erhvervsvejleder, var fantastisk til at finde gode steder. Lars startede ved et fragtfirma, hvor han bl.a. var med i København, senere ved et stort vognmandsfirma, hvor det også gav gode ture. Næste sted var hos Falck. Og sidst på et stort mekanikerværksted for lastbiler, et meget dejligt sted, og de var gensidigt glade for hinanden.

Lars fik en fin afskedsgave efter de 14 dage.

Der var 3 lærere i den alternative kl. Lars nu gik i. Noget af dagen hed det almindeligt skolearbejde, og så var det ellers praktisk arbejde. De lavede ting i kærnelæder, byggede legeplads på skolen, renoverede skurvogne og meget andet spændende.

Var også på gode ture med overnatninger.

En tur gik ud på Kanaløen, ved Mellerup, i Randers fjord. En af lærerne havde en sejlbåd, som de sejlede derover i. De havde telt med til overnatning.

I Ålborg Zoo var de også, og hjalp dyrepasserne. Lars havde den sjove oplevelse at gå tur med en chimpanse i hånden. Der var lejet en hytte, de kunne overnatte i.

Grenå blev også mål for en hyggelig tur.

Lars kørekort, nej, der var skepsis med det blandt lærerne, da de snakkede om det. Det var der nu med flere ting.
Men jo SELVFØLGELIG fik han det.
Inden kørekort til bil fik han også til knallert. Laust skaffede ham en god Puch Maxi K, og det var lykken.

Som i mange andre situationer var det igen mig, der kendte min dreng bedst. ♥

Da der i foråret blev læseferie for de store kl., havde Lars absolut ikke lyst til at gå i skole mere, og med en lille nødløgn til inspektøren, forlod han skolen. Det var nemlig kun ok, sagde han, hvis Lars havde noget at lave. Nå, men jeg spandt lidt om, at han skulle hjem at fiske med min far.

På skolen var jeg til et møde, vel nærmest et udslusningsmøde, med lærere, psykolog, kurator mm. Ikke spor opmuntrende. Sidstnævnte havde bestemt ingen brugelige forslag til, hvad Lars nu kunne.
Jeg gik og smækkede med døren, og meddelte vi nok selv skulle klare os, som vi havde gjort indtil da.

9 år i den danske folkeskole

Lars skoletid var en blandet fornøjelse, helt uden eksamensbeviser, end ikke et afgangsbevis af nogen art.

Nej, det var slet ikke en skole for folket i 1981. Et spørgsmål om det er bedre i dag?

Der går fortsat elever ud uden afgangsbevis i 2020.

Når jeg ser tilbage på de 9 år, ser jeg mange fiaskoer. Hvordan mon det var blevet, hvis lærerne havde forstået at tage imod netop et barn som Lars, og hvor undervisningen var tilpasset efter hans individuelle behov?

I folkeskoleloven 1993 stod der at undervisningen skulle differentieres i forhold til den enkelte elev, lærerne skulle samarbejde i teams mm, desværre ikke i Lars skoletid.

Ranum i 3 år blev kun tåleligt, fordi Laust kom, ofte 2 gange om ugen, da det viste sig, hvor svært det var for Lars. Jeg undersøgte alternativer, hvordan der var på en friskole i nærheden, og ligeledes i Skive, hvor jeg så skulle skifte seminarie.

Da tilbuddet kom fra min bror, var det valg trods alt det bedste.

Jeg startede med at være i praktik på Års Kommuneskole, før en beslutning blev taget.

Men det blev 3 dejlige år i Års. En helt fantastisk skole, med en glad og åben lærergruppe, der var en fin stemning, og Lars kom i hjælpeklasse med meget interesserede lærere. Der var skoleskema, som i andre kl., og de almindelige faglokaler blev anvendt til musik, sløjd osv. Svømning var der også. Eleverne i hjælpeklassen fik udtalelser i fagene, som i andre kl.

Mobning kendte man nærmest ikke til. Der var glade børn.

Heller Ikke noget flytten rundt, time for time, som der senere viste sig på vores nye skole. Det var klart de bedste år for Lars.

De sidste 3 skoleår på Randerskanten var en meget blandet fornøjelse, indtil han kom i Alternativ klassen.

Har slet ikke tal på alle de lærere, der var involveret med alle mulige metoder og materialer. Noget foregik i normal- klasse. I matematik og dansk var det ud af klassen, til eneti- mer, hold, og hvad det alt sammen hed, forskellige lokaler, og forskellige lærere. Ikke noget med rutine der.

Der var heller ikke nogen god stemning på skolen. En pæ- dagogisk dag, med en dygtig psykolog, som netop var om samarbejde mislykkedes, da ingen ønskede at tage ansvar.

Samarbejde med mig var heller ikke aktuel.

Som Lars selv sagde, alt det presseri de forskellige steder, og fra alle de lærere, havde gjort at det hele blokerede. Så forskellige. Nogen smilende, andre stramme, så de venlige, og så de strikse ...frygteligt at være skoleelev, med behov for støtte, og konstant forholde sig til nyt.

Skolebørn skal være glade og trygge, og føle lærernes glæde for at undervise.

For Lars vedkommende var der ikke bare én diagnose at forholde sig til. Den ene efter den anden kom dumpende.

Ufatteligt at det først blev opdaget i 10-års alderen med ned- sat hørelse.

Gad vidst om der findes et barn, med lige netop det mix af handicaps, som Lars har? Jeg tror det ikke. Har aldrig mødt nogen på alle de forskellige steder, vi har været.

Når nogen har spurgt mig, hvad Lars fejler, har jeg somme tider spurgt vedkommende om, hvor lang tid der var til rådighed for svaret?

Livslange handicaps betyder særlige behov.
   Der er bare det store problem, at der for Lars' vedkommende ikke kunne sættes een diagnose. Som en niece konkluderede for nylig, at så var der jo kun ringe hjælp. Og ja. Såvel læger, som lærere, og alle de andre, der har været i kontakt med Lars, ser ikke ud over deres eget lille speciale. Ingen prøver at se på det som en helhed.

Lige netop det, sagde vores sundhedsdirektør Søren Brostrøm i en tv-debat for nylig, er en stor mangel i vores system, og at der skulle arbejdes hen imod det. Det er vi mange der har erfaret, og har ønsket længe.
   Efter min mening kan det kun gå for langsomt.

Desværre er løbet kørt for Lars' vedkommende, men ønsker det virkelig fremover.

I de fleste tilfælde kan man lige så godt tro på at "forældrene har ret", og trygt samarbejde med dem. Det er i hvert fald dem, der kender barnet bedst. Absolut ingen kender barnet bedre.

Hvem skal bestemme over, hvad der giver værdi for barnet?

Der findes ingen kasse, der passer til Lars.

Kloge mænd

Jeg var stor beundrer af Kristen Helveg Petersens arbejde (1909-1997), for sent udviklede. Foreningen skiftede senere navn til Landsforeningen for Ligeværd –bare tyg på det fine navn –det siger alt.

I Information fra 2.juni 2000 står der i en kronik, at der er ca 3000 børn og unge ud af hver årgang, der af medfødte og eller sociale årsager har særlige behov, grundet boglige, indlærings og funktionsmæssige vanskeligheder.

I DK er der mindst 90.000 sent udviklede mellem 18-50 år. De er uden uddannelse, på førtidspension.

De kunne godt, hvis man tog udgangspunkt i den enkelte.
   Søren Steen-Jensen slutter sin kronik med en særlig "hilsen" til Folkeskolen. Hvorfor skal sent udviklede unge først til at lære, når de forlader Folkeskolen.

Pokkers godt spørgsmål. Og fortsat gældende.
   Jeg ved godt, den ikke er ny, denne kronik, men det der står, stemmer overens med de personer Lars arbejder med, og Lars der lærte at læse, da han forlod Folkeskolen.

K. Helveg Petersen skrev i 1992 bogen "Lad dem dog få lov til at gro". I stedet for at sortere sent udviklede fra, bør de have glæden ved at arbejde på deres præmisser. Kan ikke siges bedre.

For mange er deres handicap ikke synligt, og det kan volde store problemer.
   Desværre mere end sandt, har vi erfaret mange gange.

Svend Brinkmann skriver på FB 26.feb.2020 at hver syvende 17-årig i DK nu har mindst een psykiatrisk diagnose, og at det er stigende.

Er det virkelig fordi man er blevet dygtigere til at opdage de psykiske lidelser? Eller hvad er årsagen?

Jeg er alvorligt bange for, det skyldes, at normalitetsbegrebet er blevet for snævert i jagten på diagnoser?

For et par år siden var jeg i en forretning i Ø. Hurup, hos en pige, der ville købe noget gammelt broderi af mig. Jeg undlod at fortælle, hvem jeg var, men hun kunne kende mig. Jeg vidste godt, hvem hun var, og hvem hun er gift med. Hun spurgte, om ikke jeg var lærer, og jo, det var rigtigt. Hun var dengang, som nu, en utrolig sød pige.

Hun var SÅ flov over, hvordan hendes mand havde opført sig over for bl.a. Lars i skolen. Hun gik på samme årgang.

Jeg sendte ikke hilsen med til ham ...men hun spurgte sødt til Lars, og bad mig hilse.

Det kan ikke gøres om, men virkelig trist at tænke på al den mobning, der fik lov at være.

Oh frihed

Nej Lars, nu skulle han til at lære at læse. Jeg havde ikke et eneste øjeblik været i tvivl om, at han kunne.

Jeg slæbte det ene læs bøger efter det andet, som passede til formålet, hjem til ham, og meddelte at nu, hvor han ikke havde andet at lave, så måtte han værsgo at give sig til at lære at læse.

Lykkedes det? Ja, det gjorde det. ♥

At arbejde med tal har straks været værre, men de små lommeregnere var jo opfundet, i dag i mobilen.

For nylig,18.02.2020, sagde vores undervisningsminister, at der er alt for mange, der går ud af skolen, uden hverken at kan læse eller skrive. Og hvor har hun ret. Men hvad sker der? Efter min mening absolut intet.

I de år jeg underviste, har min holdning altid været, at de dygtige skal nok klare sig, det er de andre, der har størst behov for støtte.

Lars ville gerne have en lille mobil Walkie-talkie. Den kunne han også hygge sig med, når vi var på kærestebesøg i Thy.

Snart skulle han have en større walkie, men det krævede en stor antenne. Godt vi havde lært farmand at kende, en rigtig handyman, som kunne opsætte en kæmpe antenne, der kunne række længere.

En walkieklub gik Lars nu også i.

Lars startede på EFG metal i 1981, men ak, et par af mobberne fra folkeskolen var fulgt med. Der blev kursisterne betragtet som voksne, og der var absolut ingen hjælp at få, hverken socialt eller fagligt. Jeg forsøgte selvfølgelig. Efter at de bagved siddende havde siddet og brændt Lars med en lighter flere gange, måtte vi kapitulere. Lars smed sine bøger, og gik sin vej.

Senere gik han på EIFU-kursus, som var rigtig godt, men kun kortvarig.

Men nu var der ikke mere at gøre, så i lang tid måtte han gå hjemme.

Computerne var nu fremme og Lars fulgte meget med i den verden. Starten gik med en Commodore 64, og hold op, en ny verden åbnede sig. Udskiftninger blev der mange af. Udviklingen måtte følges. Lærdom blev der også meget af, gennem spil og sprog. Lars blev ganske ferm til det engelske, og er heller ikke bange for at bruge det, så stærkt.

Det lykkedes heller ikke i skolen.

Men på rejser, film mm kan han gøre sig forståelig.

Den sidste sommerferie, hvor vi kun var 2, var vi i Skagen og havde kusine Lene med. Vi snakkede med en fisker på havnen, og han tilbød vi måtte komme med ud at hente garn, hvis vi kunne komme tidligt op. Om vi kunne, ja da.

At se smukke Skagen fra vandsiden. Så prøvede vi også det.

Selvfølgelig var vi også på fiskeauktion en dag.

Vi bliver 3

Lillejuleaften 1982 kom der en mand med et juletræ, oppe fra Thy, og flyttede ind hos os. Ju-bii. Det var ikke ridderen på den hvide hest, men den super mand, der blev Lars skønne far og min mand.

Kort tid efter fik vi også vores nye fælles hund, Soffy, en kleiner mynsterlænder, som Lars fandt i Randers-Posten.
   Lars var jo hjemme, og fik hurtigt Soffy gjort renlig, og elskede den hund, selv om der røg et par sokker, og nogle underhylere, da den var helt lille.

Ved et besøg i Ranum, fik Lars nu en lillefinger slået af led ved boldspil, så den stod i en vinkel ud til siden. Men pyt, han satte den bare ind på plads igen. Vi var dog omkring skadestuen, da vi kom hjem til Randers, men alt var ok.

Det største der skete i 1984 var, at min gode mand adopterede Lars. Hvor var det stort for os alle 3.
   Hans dejlige familie havde også taget super godt imod os.

Der blev tid for kørekort. Jeg havde smugtrænet lidt med Lars på en markvej ved Støvringgaard, som jeg selv gjorde i sin tid. Han havde også kørt lidt på bedstefars traktor på privat grund.
   Farmand er mekaniker, og gik med Lars til teori, og hjalp med det.
   Efter teoriprøven sagde kørelæreren, som i øvrigt selv var far til en dreng med flere handicaps, at det kom bare som skidt ud af en spædekalv.

Endnu en stor SEJR.♥

I tidligere omtalte brev fra min far, skrev han til mig, at jeg ikke skulle være ked af det mht at få Lars på beskyttet værksted.

Han havde haft en lederstilling på en stor møbelfabrik, og beskriver, hvordan han har oplevet de lidt tunge og følsomme arbejdsdrenge og ungarbejdere blev behandlet. Han brugte mange timer på at trøste dem, når de grædende fortalte ham, hvad der var i vejen. Og han fortsætter, at han tror bestemt ikke forholdene på arbejdspladserne er bedret siden da.

I samme brev skrev min far, at ingen er i tvivl om, at du holder uendelig meget af Lars. Fortsæt med det, for en mor har et kæmpearsenal af kræfter, når det gælder det kæreste, hun har.

Bedstefar med søn, datter og barnebarn.
Utallige timer tilbragte vi på den blå fjord.
Mange dejlige fisk blev fanget.

På arbejdsmarkedet

Nogle år efter min fars brev, startede Lars på et beskyttet værksted for udviklingshæmmede. Flink personale, trivedes nogenlunde, men ikke helt godt.

Og vi gjorde slet ikke. Det var heller ikke med vores gode vilje, han blev placeret der, af en af de mange skiftende rådgivere på kommunen. Men vi måtte prøve.

De var noget mere handicappede end Lars, og det var svært at se på, hvordan Lars nu blev. Pludselig begyndte han bl.a. med nogle bordmanerer, som vi ikke brugte herhjemme.

Nej, han skulle ikke være der. Han skulle flyttes.

Lars kom i 1986 på et andet værksted med beskyttet arbejde. Arbejdede med træ, som på tidligere arbejdsplads, men fik bronkitis flere gange. Var ellers meget glad for at være der.

Måtte flyttes til en afd. med jern, som ikke støvede så meget. At Lars bedst kunne lide træ er fordi, som han siger, jern er koldt og dødt. Men sådan måtte det være.

Han er dygtig og afholdt, og meget hjælpsom. Har en stor almen viden, og bliver ofte spurgt om forskelligt af arbejdskammeraterne.

Desværre går der ikke bus dertil, så Lars må gå 2 km hver vej, uanset vejret. Som han siger, er det bare at have det rigtige tøj på, og så er han meget omhyggelig med noget refleks også. Dejligt.

I nogle år var der tilknyttet en psykolog til arbejdspladsen. Ikke heldigt for medarbejderne. Det blev besluttet, at de personer der var i de beskyttede stillinger, bl.a. Lars, skulle gennemtestes, vanvittigt, bl.a. med Rorschach-test, der kan sige noget om bl.a. personlighed. Og det var voksne mennesker, der for længst har været igennem diverse tests allerede i skoletiden. Og som allerede i flere år har arbejdet fortrinligt.

Det foregik på Amtet i Højbjerg. Endnu en ting jeg ikke fatter, hvorfor jeg accepterede. Det var simpelthen tortur og varede nogle timer. Jeg er den dag i dag meget vred på mig selv, at jeg tillod det, og at jeg i det mindste ikke gik ind og afbrød. Og er der nogen, Lars siger han hader, er det psykologer. Forståeligt? Ja, det er det.

Og hvad var det lige det skulle bruges til? Tidsfordriv? Måske noget statistik?

Vi fik aldrig noget at vide.

Misbrug af svage personer, der bare gør som der bliver sagt. I høj grad et svigt fra min side, at jeg også lod stå til.

Er overbevist om der bliver lavet mange tests af voksne mennesker, som fungerer fint, og som kun er til brug for psykolog/arbejdsgiver.

Fik vi ikke andet ud af det, besluttede jeg sammen med min mand at tage på psykologisk kontor, og fik alt vedr. Lars tilintetgjort. Ja, vi fulgtes pænt ad, da jeg mange gange har følt mig diskrimineret som enlig mor tidligere.

Alligevel står der i dag noget fra 1981 i hans papirer fra REVA. Alle, som kender Lars, beundrer den udvikling der har været og fortsat er. Men nej, det gamle skal åbenbart forfølge resten af livet.

I 1987 skulle tæerne opereres. Hammertæerne skulle rettes ud. Små stifter oppe i tæerne, skulle holde dem i den rigtige stilling efter operationen.

Herhjemme lærte Lars dog hurtigt at køre på enden, op og ned af trapperne i vores hus.

Vi mistede min svigerfar i den periode, og måtte til begravelse, så vi lånte en kørestol til formålet.

Nu i 2020 er de igen krumme, men Lars vil klare sig med det, som det er.

Sommeren 1989

var vi alle 3, samt vores Soffyhund, på 3 ugers sejlads med vores gode ven Jens, i hans sejlbåd.

Jeg havde syet marineblå sejlerbluser til os, med skibets navn, SKYLIGHT, på forstykket, vi var skam rigtige sejlere.

Fra Ålborg gik det ned langs østkysten, og så ind til Flensborg, hvor vi var 3 døgn, noget med toldregler/spiritus, ja, også en smuk by, så det sydfynske, over Storebælt, Samsø og Grenå. På udturen, i det sydlige Kattegat, sejlede vi mellem masser af marsvin. Man skulle rapportere, når man så nogen, den sommer, men der var så mange, at vi hurtigt opgav det. Vejret var blæsende, og ikke specielt sommerligt, hvad temperatur angik. Ikke mange rigtige solskinsdage, kun de første par dage på udturen og lige sådan de sidste par dage på hjemturen. Prøvede også at være blæst inde nogle dage, i skønne Sønderborg, så pyt.

Desværre en ret kold tur, men spændende at bo på en sejlbåd så længe, og vi kom langt omkring.

Bedsteforældre til Randers

Året er 1990, og Lars' elskede bedsteforældre flytter til Randers. De havde solgt hus i Skals, og ønskede at have de år, der måtte være tilbage, i vores nærhed. Som de sagde, vidste de godt, hvem der ville tage sig af dem, hvis de fik behov for hjælp.
Og det fik de desværre i stor stil.

De købte et dejligt rødstenshus 300 m fra os. På vej hjem fra arbejde, gik Lars ind omkring, og sagde hej. Både Lars, og mine forældre nød det.
Senere begyndte han at slå græs for dem, og hvad han ellers kunne hjælpe med, efterhånden som deres kræfter aftog.
Heldigvis nåede de at få 10 gode år i Randers, hvor de faldt godt til.

I dag er det Lars' hus og have. Haven er lagt om, så den er lettere at passe med hjælp af en robotklipper, og redskaber til beskæring på el, der er lette at betjene, uden at bruge ret mange kræfter, så han derved skåner de sarte håndled.

Lars får rejsefeber

Nu ville Lars gerne ud at rejse. Han snakkede rigtig meget om Nordkap, men vi syntes, det var lidt voldsomt her første gang, hvor han skulle alene af sted. I stedet faldt valget på de smukke ÅLANDSØER. Søde rejsefæller med Gislev rejser. Det var en spændende tur med gode oplevelser. Den svenske skærgård, og store færger var lykken.

Næste år havde Lars fået blod på tanden, og nu skulle det være NORDKAP. Det blev helt klart en fantastisk tur med bus op igennem Sverige og Finland, og retur ned gennem Norge. Et fint gevir pynter nu derhjemme, og fine dukker i nationaldragter blev købt både til sig selv, og til mig.
   Hvad mon det næste ville blive?

Det blev Skotland

Naturelskeren Lars kunne ikke få nok. Selvfølgelig blev denne tur også vellykket, og han nød den vilde natur. Han købte en lækker plaid, vævet i klantern, og selvfølgelig whisky. Til mig købte han et sjovt Loch Ness Uhyre. Han fortalte, og viste dejlige billeder

ENGLAND/WALES/CORNWAL blev følgende sommers udlandstur. Masser af dejlige ting at fortælle om, og vise billeder.

Lars ville også gerne have været i Irland, men nu med hus og hund, er rejseriet slut.

Fremtidens ferier må være med familien, da vi ikke ønsker vores hunde i pension.

Det er mest Lars og jeg der har trang til lidt oplevelser, og vi har gode venner i København, som vi nyder at besøge. Så overlader vi hundene til farmand herhjemme.

Nye høreapparater

Så skete der noget med udviklingen af høreapparater, og hvert 4.år kan man få nye.

I 1995 var der nemlig kommet digitale høreapparater. Lige noget for Lars' hørekurve. Vi havde lige købt vores første, flunkende, nye bil, en OPEL, da vi skulle til Århus for at hente dem.

Ved udleveringen blev vi forberedt på, at Lars sikkert ville blive lidt træt til at begynde med, da hjernen ville komme på overarbejde.

Allerede, da vi kom tilbage til bilen, med de nye apparater i ørerne, kunne Lars pludselig høre en hvislen, og spurgte mig om, hvad det var.

Åh Lars, det var bladene i træerne. Da vi kom ind i bilen, og jeg startede, skulle han vide, hvad det nu var, der summede. Tænk at kunne høre motoren! Det var bare så fantastisk.

Tænk alt det han er gået glip af. Meget trist at tænke på for os. Den hørehæmmede ved det jo ikke selv.

Alle de nye ting han nu kunne høre var så stort. En ny verden åbnede sig.

Stor lykke, at vi nu havde en søn, der kunne høre, hvad vi sagde, uden at vi hele tiden skulle tænke på det.

Og dog, Lars sagde, og gør det fortsat "Du råber" til mig. Svært at lægge en gammel vane væk. Gad vidst, hvor meget Lars overhovedet har hørt i skolen?

Glæder sig til næste gang han skal have nye, udviklingen går forrygende stærk. Har lige været sammen med en fætter, som har de næste han skal have. Dejligt at se frem til.

I 1995 havde bedste og bedstefar GULDBRYLLUP og blev fejret på behørig vis, med børn og børnebørn på besøg. Men desværre ebbede kræfterne ud.

Lars' 30-års fødselsdag i 1999 forløb i snestorm, som da han blev født. Herhjemme havde vi arrangeret stort surprise-party, og købt flag fra de lande, han havde rejst i, de skulle danne flagalle.

Men snestormen gjorde, at ingen kunne komme frem, bare så ærgerligt. Fra et par arbejdskammerater fik han dog et pebertræ. Vi holdt senere en fin fest.

Lars fik tiltagende smerter i højre fod, og vi måtte igen på Ortopædisk. Der blev anbefalet en slags skinner om hælen, fra en bandagist, og dertil egnet fodtøj. De blev ikke gode venner, og Lars droppede de stive skinner, der gik langt op bag på benet. Klarer sig ok uden, men altid med gode sko.

Årtusindskiftet

kom, men desværre med nu meget syge bedsteforældre.

Min mor lå i respirator i 2 måneder. Igen viste Lars, hvor højt han elskede hende. Tog dagligt med på besøg, og var fantastisk. Da hun blev fri fra respiratoren, og gerne ville sige noget, men ikke kunne med det samme, fandt Lars på, hun måske kunne skrive. Og det kunne hun, selv om det var lidt svært til at begynde med.

Det hun skrev, inden hun kunne tale, har jeg gemt, det er meget rørende.

Bl.a. skrev hun "Lars skal vist være sygehjælper."

De første ord hun sagde, da hun var fri for respiratoren var "Jeg elsker dig Ingrid."

Jeg var hos hende 3 gange om dagen, sang for hende og snakkede til hende, med mindre mine søskende kom, og jeg havde min far med den ene gang om dagen. Han boede hos os i den tid.

Sommeren kom, og Lars ville nu gerne sydpå. Vi syntes ikke, det var sjovt at gøre alene, så vi foreslog, at han og jeg kunne følges.

Bedste var meget syg af kræft, men vi vovede det (desværre) efter aftale med lægen.

Det blev en skøn, varm og dejlig oplevelse, bare OS TO, til Mallorca, som vi begge nød meget.

Vi var rundt på øen og så mange forskellige ting. Jeg ville gerne dase lidt på stranden, hvor vi også gik ture, så mens Lars hvilede sig lidt om eftermiddagen, gik jeg på stranden, lige ved siden af. Billedet er taget fra vores dejlige balkon.

En rigtig sjov oplevelse var det, at sejle på tur med en båd med glasbund.

Heldigvis vidste vi ikke, hvor syg min mor blev netop den uge, og at der ingen besøg var af mine søskende. Hvis vi havde vidst de ville svigte, var vi blevet hjemme. De vidste selvfølgelig vi var af sted.

Hvor var det synd for mine forældre.

Godt de havde min kærlige mand til at hjælpe, efter han holdt fyraften.

Farvel

Vi mistede bedstemor, kort tid efter vores ferie, efter længere tids sygdom.

11 måneder senere mistede vi også bedstefar.

De havde for længst lavet testamente, for at sikre at Lars kunne arve mest muligt efter dem. Indtil da boede han hjemme hos os. Gav et symbolsk beløb for at bo hjemme, gik ikke i byen, tjente ikke meget, men sparede en del op til bolig. Musikanlæg, tv, computer osv. blev holdt up to date.

Min far var vokset op i meget trange kår, prøvet at bo på fattighus, og indså hurtigt, at uden hjælp ville Lars' liv også blive trangt.

Vi boede jo også i samme ejendom i Skals, men i hver vores lejlighed, til Lars var 7 år, og dermed blev Lars som en slags plejebarn.

Båndene mellem Lars og mine forældre var selvfølgelig særdeles tætte, efter opvæksten hos dem.

At vi tog os vældig meget af mine forældre, var en selvfølge, for alt det de havde gjort for Lars og mig, ikke mindst gennem de 7 år i Skals.

Dem der gav udtryk for deres mening, syntes det var pænt af mine forældre at tænke på Lars, mht. arv, men selvfølgelig ikke alle.

En grov replik fik jeg dog fra en, der mente, jeg havde sat kniven på struben af mine forældre.

Jeg fik i høj grad kærligheden at føle fra mine nærmeste, særdeles smertefuldt. Men det var vores forældres valg, og måtte accepteres, uanset hvad.

Lars havde, som nævnt tidligere, sparet en del op, og kunne købe os søskende ud af vores arv.

Det var en stor dag, da Lars kunne flytte i eget hus.
Vi var så lykkelige, tænk at Lars nu skulle bo for sig selv, og vi glædede os meget. Nogen synes det er lidt hårdt, når børnene flytter hjemmefra, vi syntes, det var fantastisk, at han kunne.
Det har været så stort for os alle tre.

Samme dag hentede vi Lars' første hund, som vi havde købt i Mønsted, netop til afhentning den dag. Det var en Kleiner Mynsterlænder, og navnet blev Zita.

Lars og Zita ind på bagsædet til kram og knus, og glædestårer der sagde mere end ord, så jeg i bakspejlet.

Lars tilmeldte sig hundetræning, i Randers Agilityforening, og Zita nød at blive trænet. Et dygtigt par. Og sikken et liv, med masser af gode traveture.
Da Zita var 13 år kunne hun ikke mere og nu ligger Zita begravet på sin solplet i haven. Men hvor var hun til megen glæde.

I et af husets værelser blev der lavet pip-rum, bl.a. til en nymfeparakit Lars havde i forvejen. Den fik han i øvrigt på en meget tilfældig måde.
Pludselig fløj den rundt i haven, og det lykkedes at indfange den, mens han stadig boede hjemme. Vi prøvede at finde en ejer gennem lokalradioen, men ingen meldte sig.
Farmand byggede fine volierer, og nymfen fik en mage, men der kom ingen unger. Lars købte også sangparakitter, dværgpapegøjer og pennannparakitter som vi hentede i Grenå.

Nye smerter

Desværre begyndte Lars at have smerter, og nedsat bevægelighed i højre håndled. Lægen henviste til fysioterapeut. Der blev hevet og trukket i det stakkels håndled, hvor jeg skulle hjælpe med at holde Lars' krop låst mod ryglænet. Forfærdelig behandling, men han kaldte det syge håndled et eller andet, hvor det skulle have den behandling.
Om det blev bedre, nej for pokker.

Til lægen igen, og så skulle der røntgenfotograferes, det skulle foregå i Grenå, og viste fuldstændig kollaps af knoglerne, og ikke mulighed for operation, men videre til privatklinik i Århus for scanning. Ved yderligere smerter kan håndleddet gøres stiv, eller der kan indopereres protese. Der skulle speciallaves en skinne til håndleddet hos bandagist. I øvrigt blev håndledsbelastende arbejde frarådet.
Arbejdstiden nedsættes til 4 t. om dagen. Og der blev nu søgt førtidspension, som også blev bevilget.

Desværre skete det samme i venstre håndled 6 år efter, nu 2012.
Vi var igen på det lokale sygehus, men hos en anden læge, og blev foreslået at tage til Århus, hvor der var en afd. specielt med håndkirurgi.
Vi fik at vide, at sygdommen hedder Morbus Kienbøck, og betyder at knoglerne mister blodforsyningen og klapper sammen.
Tidligere omtalte skinne til højre hånd, må slet IKKE bruges. Derimod var det vigtigt at have bevægelse i håndleddene, men ikke noget med vrid eller stød. Væk med skinnen.

Så det tror vi på, og her i 2020 går det fortsat fint, når Lars passer på. Det er han heldigvis god til.

Blodpropper

Lars havde ved tandlægen fået en tand trukket ud i 2013. Dvs. roden kunne han ikke få med ud, den skulle fjernes ved operation 14 dage senere, hvor der kom en tandkirurg til byen. Så udstyret med antibiotika, var det bare at vente.

Da han kom hjem til aftensmad, nogle dage efter, havde han voldsomt ondt ved brystet. Det viste sig senere at være fra en lunge, og hjertet.

Lars gik hjem til sig selv, havde fået lidt smertestillende. Han konstaterede at han havde lidt feber, men smerterne aftog.

Senere ringede han efter mig, vi måtte kontakte vagtlæge, og ved 01-tiden gik turen på sygehuset.

Jeg blev spurgt, om jeg selv kunne køre ham, og ja, det kunne jeg. Fik fortalt senere at det må man slet ikke, i tilfælde af der evt. sker noget undervejs.

Men, hvor var det da noget forfærdeligt noget, han skulle jo have været af sted ved aftenstid, da han var hjemme at spise, og havde så ondt. Han ringede ind til os, og sagde, hvor ondt det gjorde. Jeg løb ud til ham, og da det blev bedre, gik han med ind, og fik noget mad. Jeg trøstede ham med, det måske var en fibersprængning, som han engang havde haft. Skrækkeligt, at intet sagde pling ved mig, men heldigvis har vi stadig vores dejlige søn.

Det har vi haft god snak om, nemlig at han selv skal sige til, at det er kun ham selv der kan mærke smerten.

Heldigvis klarede han det. ♥

Sygehuset ordnede det nu sådan, at Lars kunne blive kørt på Kæbekirurgisk, på Århus Kommunehospital, og få opereret roden ud. Det gik fint, nu hed det så flydende mad, og skyl med klorhexidin.

En aften gik det galt. Lars flaske var tom, og han bad om en ny. Det fik han, men desværre ren klor. Fy for pokker.

Der var ikke lige flere, forklarede sygehjælperen, og i stedet for at hente nogen, fyldte hun op fra en dunk, uden at se, hvad det var. STRENGT FORBUDT. Det var faktisk fyringsgrundlag.

Der MÅTTE slet ikke fyldes på brugte flasker.

Med det samme Lars var feberfri, og i bedring, fik han lov til at komme hjem. Han var vældig ked af at være indlagt, og savnede Zita, som jeg tog mig af, og sov hos.

Om dagen var jeg meget hos Lars, men måske barndommens mange indlæggelser, med stort savn og længsel, alligevel rumsterer i underbevidstheden.

Bestemt ikke noget at sige til det, hvis det er tilfældet.

Alligevel kom der en dag en dame, fra Lars' kvarter, og ringede på hos os forældre for at sige, at Zita havde hylet hele natten. Vi kunne sige, det absolut ikke var sandt, for jeg sov henne hos den.

Nå, jamen det var naboen, der havde sagt det. Altså var hun bare budbringer. Forfærdeligt at nogle madammer kan finde på det. De havde åbenbart fundet ud af, at Lars var på sygehus.

Ondskabsfuldhed? Nysgerrighed? Hvad ville hun?

Vi kender hende oven i købet, da hun har været på samme arbejdsplads som min mand, og Lars har ofte snakket med hende og hendes hund.

Hvordan kunne hun være sig selv bekendt?

Farvel og goddag

Samme dag, som vi måtte sige farvel til Zita, fandt jeg ny hund til Lars. Satsede på, at vi så kunne undgå, Lars blev helt knust.

Mens vi ventede på at skulle til dyrlæge, lavede jeg aftale om et hvalpebesøg, følgende dag.

Lars' værkfører havde fortalt ham, at han kunne lade Zita være i bilen, og så kunne den ligge lige så trygt og sød, mens dyrlægen arbejdede. Sådan blev det, og det var fantastisk. Lars og jeg sad på hver sin side af Zita, og aede den beroligende.

Tæppet den lå på kunne foldes fint omkring den, og så kunne den løftes ind i haven, når vi kom hjem. Der havde hans far, mens vi var ved dyrlæge, gravet en dyb grav, på et sted der var aftalt med Lars. Så kunne de to mænd hjælpe hinanden, med at lægge Zita i sin grav. Selvfølgelig har Lars plantet noget på det lille gravsted, på Zitas solplet.

Dagen derpå købte Lars den dejligste hvalp, Maggi, i Højslev Kirkeby, den skønneste dansk-svenske gårdhund. Racen var kendt, da vi her hos os har sådan en skønling.

Den var af et kuld på 8 og havde de skønneste forældre, som begge boede på stedet. Det var stueopdræt, og der var kræset for hvalpene, så de voksede op under de bedste betingelser, af de dejligste mennesker, både børn og voksne. Kat, var den også vokset op med.

MEN, den var kun 3 uger, så der var ventetid.

Vi besøgte den et par gange mere, inden den kunne komme med til dens nye hjem.

Endnu engang kunne jeg se Lars sidde på bagsædet, med sin nye hundehvalp på skødet, og med tårerne løbende ned af kinderne.

Gæt selv, hvordan det føltes.

Racen er krudtugler af format, og fulde af sjov.

Det er lige noget for os, andre ønsker at en hund skal ligge i en kurv.

Der blev flere gange holdt hvalpetræf. Dvs. alle hvalpene, og deres nye ejere, samt forældrehundene med deres ejere, mødtes et godt og sikkert sted, hvor hundene kunne lege med hinanden. Og så blev der spist kage, og snakket om de dejlige hunde.

Team Maggi og Lars har vundet fine præmier ved Agility, og nyder tilværelsen.

Herligt, endnu en SEJR.

Og tænk, jeg troede slet ikke Agility var noget for Lars med de hurtige bevægelser bl.a. Det var da godt, han meldte sig til det, og jeg har da virkelig måttet ændre mening. Når de 2 ruller sig ud på banen, er der krudt i rumpetten.

Desværre er Maggi noget mor-syg. Jeg kan ikke længere stå og nyde dem, da Maggi så smutter hen til mig, i stedet for at træne agility.

I 2014 blev Lars undersøgt for søvnapnø. Klarede heldigvis frisag. En sygdom som både hans bedstefar og jeg havde/ har i svær grad, og jeg sover med maske. Når jeg syntes, han skulle undersøges, skyldtes det, han ofte var træt. Men det skyldtes selvfølgelig de øvrige sygdomme.

Men noget skulle der dog være.

Lars fik feber og lægen konstaterede ROSEN på det ene ben. Det var ikke rart, men noget der forsvandt igen.

Jubilæum og 50-års fødselsdag

Lars havde en stor dag med 25-års jubilæum på arbejdspladsen. Flot og dejlig dag, hvor morbror Laust og hans kone kom til formiddagskaffe på virksomheden, og der blev holdt tale og overrakt gaver.

Året efter fik Lars en hælspore. Han fik indlæg til skoen, som vores dygtige læge fortalte om, hvordan vi skulle klippe hul i et hælindlæg, og så kørte det fint igen.

I februar 2016 mistede vi, kun 67 år gammel, morbror Laust der pludselig døde, en stor sorg. Et svært farvel. Han havde været så meget for os, i særdeleshed for Lars. Bedstefar og Laust havde været gode rollemodeller for Lars.

Alligevel valgte vi at holde Lars' 50 års dag.

Han ønskede fest på Memphis Mansion og havde inviteret 25 dejlige mennesker. Alle sejl blev sat til, da vi forældre også var indstillet på, at dette skulle være Lars' livs fest. Og sikken fest med taler og sange, og masser af dejlige gaver, og glade gæster.

Helt overvældende dag som vi mindes med stor glæde.

Lars mistede sin morbror kort tid før 50 års dagen og hans bedstefar mistede sin svigermor kort tid før 50 års dagen.

Mærkeligt.

Dog ikke i fødselsdagsgave, men samme år, fik Lars nye programmerbare høreapparater, hele tiden fremskridt, og han er meget glad for dem. Glæder sig alligevel til om 2 år, da udviklingen jo ikke stopper, og han har sammen med en hørekonsulent, fundet dem han skal have næste gang.

Jeg blev 70 år i 2017, og Lars havde lavet fine forstørrelser af billeder af vores hunde. Han stod, sammen med sin far, for servering til min damefrokost.

Farligt uheld

Lars er meget omhyggelig, når han skal krydse en vej og bruger altid sikkerhedsvest, når der er behov. Alligevel gik det galt en aften, hvor han havde været hjemme at spise. En bil skulle ned af sidevejen som han skulle krydse, og Lars mente, de med øjenkontakt havde styr på, han måtte gå. Men desværre endte Lars som kølerfigur, og blev noget forslået. Fik også en lille flænge på næsen, som blev limet på skadestuen.

Det følgende år blev Lars' far 70 år. Han ønskede ikke at blive fejret, grundet alvorlig sygdom blandt vores nærmeste, og vores allerbedste ven døde ikke længe efter. Så blev det min mands tvillingesøster, Anni, som vi også var meget tætte med, og hun døde efter flere år med cancer i 2019.
Endnu et stort savn.

Gik til Louis Nielsen

Igen stod menuen på nye briller for Lars. Gjorde som de siger i reklamerne, og gik til Louis Nielsen. Men endnu engang lykkedes det at få briller, han ikke kunne se med. Klagede, og fik at vide, at det var blot et spørgsmål om tilvænning, der skulle til. Absolut ikke noget i vejen med brillerne.

Og lidt mere sludder.

Vi gik nu til en dygtig kvindelig optiker. Straks kunne hun se, der var 2 ting i vejen med glassene. Hun fortalte, vi kunne få pengene retur hos Louis Nielsen. Af sted gik det, det anede jeg ikke var en mulighed.

Øv, så uheldig med briller.

Vejen var så banet til at købe hos Sølvtofte. Tilmed en forretning med lutter søde og smilende samt uhøjtidelige mennesker.

Arbejdsophør

Måske lige om hjørnet. Må konstatere, at det i Corona tiden, har været et helt nyt og godt liv for Lars.

Glad, trætheden pist væk, bedre søvn, nyder at passe hus og have mm ... sådan skal det jo være hele tiden. Så meget overskud, hvor han ikke bruger den energi, der er til rådighed, på de 4 daglige timer om formiddagen på sit arbejde.

Han talte med sin opstiller, ønskede et møde med ham og hans sagsbehandler.

De fandt ud af, at Lars kunne prøve at arbejde 2 formiddage om ugen. Det gør han så nu, og er meget glad for det, og samtidig have overskud derhjemme. Jeg har i flere år prøvet at snakke om, at han måske aldrig skulle have været i arbejde. Men slet ikke efter de to omgange med grimme blodpropper.

At være stærk og rask ligger desværre ikke lige til vores familie. Min far måtte også stoppe med job som 54-årig, og jeg var 49. Ikke helt godt.

De vante 4 km gang til/fra arbejde, skal dels erstattes med flere ture med Maggi, og dels noget motion. Sidste år købte Lars en motionscykel. Den er nu byttet til en crosstrainer, og det er så godt. Han har også konstateret at det giver ham noget psykisk.

Ville gerne have en romaskine, men det er for belastende for de skøre håndled. Men motion skal der til, også for at forebygge blodpropper.

Far og søn på bridgewalking

Efterskrift

Et liv fyldt med sygdomme som Lars', er ikke for pylrehoveder. Hår på brystet er nødvendigt. Man er også ret alene om det, når de mennesker, der var hos os i barndomsårene ikke er mere.

Laust var her længst for os. Hans liv blev viet til handicappede børn, og han skrev flere bøger. Bl.a. en fantastisk bog –"Fra uddannelsessystemets udkant" fra forsorg til folkeskole. Den afslutter han med at nævne John Lennons IMAGINE … forestil dig. "You May say I'm dreamer, but Im NOT the only one, I hope some day you will join us and the world will live as one."

Smukt ♥

Ikke mange i nutiden ved, hvilke kampe vi har kæmpet og kan ikke sætte sig ind i det. Har dog fået roser for, at det er den tryghed og kærlighed, Lars har fået, der har gjort ham til den glade fyr, han er i dag.

Desværre dukker der jo stadig nye, og ukendte kroniske sygdomme til.

Da vi var på Skejby, for at blive orienteret omkring de sidste, efterår 2019, var det en ung og mindre god læge, der skulle berette om resultat af blodprøverne. Som han sagde, ved man ikke ret meget om Antifosfolid syndrom. Korrekt, men noget ved man dog.

Efter at have fået det skriftligt gik jeg selv i gang.

Jeg undersøgte, hvad jeg kunne på nettet, samt fandt en gruppe få FB, og blev meget klogere. Næste punkt blev en klage over lægen på Skejby, som også beskrev min mand gennem næsten 40 år, som min kæreste. Man kan jo godt have forskellige efternavne i dette land.

Svaret vi fik var skrevet af en professor og overlæge fra afd. Hun afsluttede med at skrive:

"Jeg vil gerne understrege, at vi tager jeres henvendelse meget alvorligt, og jeg vil ønske jeres familie alt godt fremover."

At jeg tager dette med, er for at fortælle jer læsere, at hvis den behandling man har fået ikke er tilfredsstillende, så KLAG.

Intet bliver ændret ved at tie.

Da vi havde fået besked om de sidste sygdomme, sagde jeg til Lars

"Tænk, hvis du havde været rask?"

Det flotte svar lød " Åh mor, jeg synes da, jeg har klaret mig godt."

Og hvor har han da bare ret. Som kun Lars kan svare ♥

Fremtiden

Den er svær at spå om, men jeg er sikker på Lars også vil klare det godt, når han en dag er alene, med hans venlige måde at være på, og oceaner af dejlige minder.
Betingelse, at han har en vuffelivov.

Han bliver ikke ensom, selv om der ikke er kontakt med mange. Når man ikke er vant til stor omgangskreds, er der ikke noget at savne. I CORONA tiden klarede både han og vi os fint.
Han vil altid have et godt liv, hvad det så end er for den enkelte.
For Lars er det tryghedEN og glæden ved sit hjem og gå en tur med hunden, hvor der næsten altid er en at slå en sludder af med.

Apropos støttestrømper på begge ben, aldrig har han klaget. Nej det er nødvendigt, siger han. Og det uanset, hvor varm sommeren er.
Må også lige have med, at vi har den mest fantastiske unge, friske, omsorgsfulde, glade læge, som jeg er sikker på altid vil være der.

I øvrigt varer det også meget længe, før vi forældre takker af, da vi er spået til at blive meget gamle, så ja, det gør vi da selvfølgelig.
Normalt tror jeg slet ikke på sådan noget, men fra denne person, jo.

Hvor er jeg stolt over at være mor til en så glad og positiv søn som Lars, han har besejret så meget, og nu ønsker jeg blot, at vi ikke skal konfronteres med yderligere sygdom.

Nu har vi brug for fred og ro, på den fortsatte rejse.

Limfjord vi elsker dig

Sundstrup, Lovns Bredning, Hjarbæk Fjord, sejlads og fiskeri med bedstefar, morbror Laust og din mor har været så givende for dig Lars, som det har været for mange i familien, også din oldefar.

Livet på, og ved fjorden, sejle i bedstefars skiv, der blev passet og plejet, fra han fik den bygget i Hvalpsund midt i 60'erne til han solgte den i begyndelsen af 90'erne til en mand på Fur, da de flyttede til Randers.

Og så vores hunde, som jo hører til vores familie. De er vores guld. Bare så I ved det.

Alt med motorkræfter og på hjul har også din store interesse.

Også computerverdenen må nævnes.

Lars du har så mange interesser, nyder livet, bliv ved med det ♥